U1016470

幼儿园活动设计指导丛书

丛书主编　卓萍　金东波

幼儿园美术活动设计案例

主编　康琳　宋英

WUHAN UNIVERSITY PRESS
武汉大学出版社

图书在版编目(CIP)数据

幼儿园美术活动设计案例/康琳,宋英主编．—武汉:武汉大学出版社,
2018.4(2024.7 重印)
幼儿园活动设计指导丛书/卓萍,金东波主编
ISBN 978-7-307-19985-9

Ⅰ.幼… Ⅱ.①康… ②宋… Ⅲ. 美术课—教学研究—学前教育
Ⅳ.G613.6

中国版本图书馆 CIP 数据核字(2018)第 017920 号

责任编辑:任仕元　　　责任校对:李孟潇　　　版式设计:韩闻锦

出版发行:**武汉大学出版社**　(430072　武昌　珞珈山)
(电子邮箱:cbs22@ whu.edu.cn 网址:www.wdp.com.cn)
印刷:广东虎彩云印刷有限公司
开本:787×1092　1/16　印张:12.25　字数:276 千字　插页:1
版次:2018 年 4 月第 1 版　　2024 年 7 月第 4 次印刷
ISBN 978-7-307-19985-9　　定价:39.00 元

版权所有,不得翻印;凡购买我社的图书,如有质量问题,请与当地图书销售部门联系调换。

幼儿园活动设计指导丛书

丛书主编　卓萍　金东波

编委会名单

丛 书 主 编　卓　萍　金东波

丛书副主编　夏宇虹　汤晓宁

丛书编委会　卓　萍　金东波　夏宇虹　汤晓宁　程　娟
付　琼　王　晶　罗　清　邹进波　高芳梅
吴伟俊　成　静　康　琳　宋　英　罗智梅
曾祥兰　陈　敏　刘　蓓　邓松柏　徐　竽
李　敏　胡　沙　赵红杰

WUHAN UNIVERSITY PRESS
武汉大学出版社

序　　言

高职高专学前教育专业培养的是适合幼儿园需要的“高素质、牢基础、强能力、有特长”的应用型专门化人才，应该构建“多形式、全过程、高质量、全覆盖”的实践教育体系，把学生的实践能力培养融于师范教育的全过程，把职场适应贯穿于整个专业学习的全过程，着力提升学前教育专业学生的学习能力、实践能力和创新能力。

我国《现代职业教育体系建设规划（2014—2020年）》（教发〔2014〕6号）明确提出“坚持产教融合发展推动专业设置与产业需求、课程内容与职业标准、教学过程与生产过程对接”，“将工学结合贯穿职业教育教学全过程，学生从入学开始就接受相应的动手和实践课程”。这就明确了实践教学是职业教育质量保障体系中非常重要的教学环节。

《幼儿园教师专业标准（试行）》（以下简称《专业标准》）在实施建议中明确指出“幼儿园教师要将《专业标准》作为自身专业发展的基本依据。制定自我专业发展规划，爱岗敬业，增强专业发展自觉性”。教师专业发展规划不但适用于在职教师，也适用于在校师范生。所谓专业发展，从教师个体角度理解，是指教师个体知能素质的完善和社会环境适应能力的增强。个体专业发展有两个维度，一是自身素质结构与工作岗位的要求相互磨合、不断适应，这是个体内在品质的完善过程；二是在职业生涯进程中个体不断适应社会环境和工作经验逐步丰富的过程，这是个体外在行为的规范过程。

专业发展规划对于学前教育专业毕业生来讲，实际上是一种职业生涯规划。《专业标准》对学前教育专业的独特性有着明确的“专业导向”，即：幼儿园教师必须具备综合性的教育支撑能力，包括创设和利用环境、安排和组织一日活动、支持和引导幼儿游戏、计划和实施教育活动四种职业核心能力，激励与评价、沟通与合作、反思与发展三种教育方法能力，观察、沟通、评价、合作四种专业行为能力，以及幼儿教师必备的为幼儿提供适宜教育的意识和能力。

《专业标准》具有鲜明的专业实践能力导向，而实践教学的目的就是有效提高学前教育专业学生理论与实践相结合、教育实践和反思的能力，使学生在毕业时能够适应幼儿园一线教育教学工作的实际需要，更是为学生入职指导、幼儿教师专业化成长和职业可持续发展奠定良好的基础。

《幼儿园教育活动设计与指导》是学前教育专业学生的核心课程，在学前教育专业课程中起到承上启下的作用，是学前教育理论和学前教育实践的中介和桥梁。幼儿园教育活动设计与指导能力是高职高专学前教育专业学生必须具备的核心能力。

幼儿园教育活动设计立足于学前卫生学、学前心理学、学前教育学、儿童行为观察与指导等专业理论知识，将课程理论与教学设计相结合，既是系统地对活动主题、目标、内容、活动过程以及评价进行科学的设计和有效的教学指导活动，又是在学生具备相应的专业技能，即说、弹、唱、跳、画的基础上，围绕某一活动主题进行设计并通过校内课堂理实一体化、校外教育见实习加以实施的实践活动。活动设计课程目标是：学习、了解基本概念和基本知识，掌握五大领域课程的理论体系和活动案例；学会利用多种途径收集、整理资料，运用案例分析、模拟试教、实境课堂、保教实习等方法，解决幼儿园教育活动实际的问题，凸显实践运用能力，这种能力必须在实践中经过持久淬砺才能获得。

《教育部关于大力推进教师教育课程改革的意见》提出“精选对培养优秀教师有重要价值的课程内容，将学科前沿知识、教育改革和教育研究最新成果充实到教学内容中，特别应及时吸收儿童研究、学习科学、心理科学、信息技术的新成果。要将优秀中小学教学案例作为教师教育课程的重要内容”。目前有些活动设计教材的理论观点滞后，难以反映学前教育的政策和发展动态信息，不能达到《教师教育课程标准（试行）》《幼儿园教师专业标准（试行）》《中小学和幼儿园教师资格考试标准（试行）》《3—6岁儿童学习与发展指南》对学前教育专业实践能力的新要求，有的活动设计教材理论知识描述太多，教学活动案例太少，无法提供优质的幼儿园实践的范例。

《幼儿园活动设计指导丛书》是按照职业教育发展的指导思想，根据国家颁布的《幼儿园教育指导纲要》《幼儿园教师专业标准》《3—6岁儿童学习与发展指南》等相关文件的要求，根据学前教育专业的人才培养目标和培养规格编写的符合学前教育专业特点和幼教岗位实际需求的核心课程——“幼儿园活动设计”的训练指导教材。力求比较全面地反映国家教师教育和职业教育发展倡导的教育教学改革的新理念和新要求，同时在吸收学前教育专业课程改革优秀成果的基础上，努力完善学前教育专业“幼儿园活动设计”课程的实践教学体系。

《幼儿园活动设计指导丛书》一共有六册，涵盖了五大领域的内容，以训练学前教育专业学生岗位职业能力为主线，力求实现“学前教育专业与幼儿园工作岗位、课程标准与幼儿园教师专业标准、教学过程与幼儿园工作过程”无缝对接。呈现出以下特点：

1. 结构合理，内容实用，可操作性强。

《幼儿园活动设计指导丛书》在内容上实现了整体性和分层性的统一，既可以作为学生学习“幼儿园活动设计”综合课程的案例，也可以作为学前教育专业分领域的教学内容。五大领域有很强的综合性，每个领域都有自身的领域核心要素和核心能力的训练，学生只要练就了比较扎实的领域教学指导的本领，再通过幼儿园教育实习的具体实践，加上入职后根据主题活动进行具体的活动设计，就能够迅速提高综合运用能力。学前教育专业学生“幼儿园活动设计”课程选择实用性突出的内容，学生在具体实施中具有很强的操作性。

2. 层次清晰，材料丰富，岗位性突出。

《专业标准》对幼儿园教师必须具备的教育教学能力提出了明确要求，特别强调幼儿园教师要具有观察了解幼儿、掌握不同年龄幼儿身心发展特点和个体差异的能力；要具有环境的创设与利用、一日生活的组织与保育、游戏的支持与引导、教育活动的计划与实施、对儿童的激励与评价等基本专业能力；能根据幼儿的特点和需要，给予适宜的指导，并能引发和支持幼儿的主动活动，引导幼儿在游戏活动中获得多方面的发展。《幼儿园活动设计指导丛书》按照幼教岗位科学保教的标准和要求，按照“幼儿园活动设计”这门课程在幼儿园集体教学活动中的地位，达到能够指导幼儿进行各领域集体活动顺利开展的实践运用能力。《幼儿园活动设计指导丛书》要成为学生从模仿到运用、从运用到反思、从反思到创造这样一个成长过程的“脚手架”和“桥梁”，案例材料内容丰富，教学环节设计合理，教学过程体现幼教岗位的教育思想和教学方法手段的合理利用，突出了学前教育专业职业性、岗位性的特点，力争实现教学内容和方法与幼儿园活动设计理念和方法的零对接。同时，我们不希望学生成为模仿的机器，希望借助于具有现代新的教育观念和实践性极强的活动方案，帮助准教师们深入理解学前教育领域和这个岗位的新观念，掌握与之相适应的教育实践的特征和方法，实现知识和能力的迁移，学会离开拐杖，树立现代教育观和育儿观，自己独立而富有创造性地开展活动设计。

3.“院园合作”，采用“双导师”指导实践，体现“产教融合”。

学前教育专业实践教学应该按照“产教融合、资源共享、优势互补、合作多赢、共同发展”的发展理念，与优质幼儿园和幼教机构建立“学前教育实践研究基地”，通过“院园合作”，建立教学实践岗位成长的“双导师”指导机制。《幼儿园活动设计指导丛书》的内容都是幼儿园非常实用的集体活动内容，也可以成为幼儿园教师的参考用书。通过“双导师”理论和实践相结合的配合指导，由高校专任教师和幼儿园骨干教师共同合作，根据学前教育职业岗位的实际需要和高职学生的能力要求，共同设计若干“全真”或“仿真”的工作情景和案例，进而转化为一系列学习项目，通过这些真实案例的分析和真实项目的演练，将理论课教学过程与实践操作紧密结合，以激发学生的学习兴趣、探究兴趣和职业兴趣，在一定程度上实现学生职业道德、教育理念、专业知识、能力培养的提升。

参加本套丛书编写的教师，都是来自高校教学一线有着理论和实践经验的“双师”型骨干教师，和来自幼儿园一线有着丰富实践经验的专家、名师，他们带着对培养高素质应用型学前教育专门人才的责任感和使命感，怀着提升幼儿园教师专业化成长质量的美好愿望，结合自身多年来对实践教学的指导经验，力求体现出新形势下学前教育专业教学改革特别是实践教学改革的新成果。

由于编写人员的学识与经验有限，本套丛书还存在许多不足和缺憾，恳请各位专家、老师和同学在使用的过程中，提出宝贵的意见和建议，帮助我们进一步改进和完善本套丛书的质量。

本套丛书在编写过程中，参考借鉴了相关的教材和资料，采纳和引用了许多研究者的观点，在此特向这些作者表示诚挚的敬意和衷心的感谢。

卓萍

2018 年 1 月

前　　言

幼儿园美术教学法是普通高等院校学前教育专业、中等师范学校及职业院校幼儿教育专业的必修课程，是学前教育及幼儿教育专业的核心课程之一。该课程以幼儿教育学及心理学为基础，以幼儿园活动设计、幼儿园卫生保育、幼儿健康等学科为依托，融合学前美术基础、学前儿童活动设计以及学前儿童心理学、教育学等学科形成的一门实践性、运用型课程。

作为未来幼儿园准教师的学前教育学生，经过几年美术基础课程的学习，已具备了一定的审美能力和美术技能技巧，但这些技能技巧往往与学生今后所承担的岗位任务之间还存在较大的差距。如何将所学知识转化为幼儿园美术教育教学能力，成为学前教育学生们面临的最大问题。基于此目的，我们希望通过一本与教学实践配套的教材，以幼儿园美术教学中的典型案例来缩短这个距离，帮助学生准确把握幼儿园美术教育的宗旨，了解幼儿园美术主要类型课程的组织与设计，掌握基本的教学规律；为学前教育高标准、严要求、宽口径的人才培养目标的实现奠定基础。

为此，本书立足于普通高等学校学前教育与幼儿师范学校及中等职业院校学前专业幼儿教师培养目标的要求，结合幼儿园工作实际，紧扣《3~6岁幼儿发展指南》，牢牢把握《幼儿园教育指导纲要》对幼儿园艺术教育的新要求，强调幼儿对艺术的感受与体验，通过丰富多样的美术活动提高幼儿对艺术的兴趣，通过创造与表现培养幼儿的审美能力与艺术表现和艺术创造能力，为幼儿的全面发展打下基础；同时紧跟时代发展，努力打破学科间的壁垒，将五大领域连成一片，强调“做中学，在游戏中学习”的理念，将知识与技能融为一体，既强调知识的整体性，又注重技能的实用性；融理论与实践的相关性，通过案例阐述理论，揭示规律。

全书以幼儿园年龄段为依据，分为大、中、小三部分。除小班外，每一年龄段包含绘画、手工、欣赏、综合四类课程。它们之间既有知识上的前后联系性，又有结构框架上的整体性。每章都有设计意图说明和教学重难点分析，还有课后拓展，以便学生学习巩固。

《幼儿园美术活动设计案例》这本书既可作为普通高等院校学前教育专业、中等师范学校和职业院校幼儿教育的教材配套书，又可作为幼儿教师继续教育的培训教材，也可供广大幼教工作者参考。

本书的编写人员都是来自高等院校学前教育专业的一线教师，具有二十多年从教经验，长期从事学前美术基础及学前儿童美术教学法课程的教学工作，是省培、国培计划资深授课专家，具有较高的理论水平与专业素养。其中，小班上半部分由康琳老师编写，下半部分由宋英老师编写；中班部分由宋英老师编写；大班部分由康琳老师编写。在本书的编写过程中，承蒙武汉城市职业学院学前教育学院卓萍院长、金东波书记、夏宇虹副院长、汤晓宁副院长的大力支持，学前美术组原组长刘普兰老师的无私奉献，学前教育学院2001、2004、2006级毕业生的配合，以及幼儿园一线教师张雯、向彦婷、詹英、向明君、张琴、王玲、丁晓庆等人的鼎力相助，在此谨向他们表示衷心感谢。

书中绝大部分照片资料来自网络，一部分为编者收集武汉城市职业学院学前教育学院往届学生的作品，由于资料收集时间跨度大，照片清晰度差异较大，请读者理解。感谢图片提供者的辛勤劳动与付出！

由于编写时间仓促，加之编者水平有限，书中难免有疏漏与不足，敬请广大读者指正，以便我们今后修改。

为了更好地理论联系实际，提高广大师生的实际操作能力，本书还配有相应的活动资源课件内容。这些活动资源可与武汉大学出版社教材推广部（E-mail：cbs22@whu.edu.cn）联系使用。

编者

2018年1月

目　录

小班（上）

一、哥哥姐姐真是棒…… 3
二、小鱼吐泡泡…… 5
三、找朋友…… 8
四、留住泡泡的画…… 12
五、给小动物喂食…… 15
六、雨天乐陶陶…… 17
七、果树笑呵呵…… 20
八、花围巾…… 23
九、小雪花…… 26

小班（下）

一、美丽的花环…… 31
二、柳树姑娘…… 33
三、青蛙和小蝌蚪…… 35
四、背着房子的旅行家…… 38
五、蝴蝶飞呀飞…… 41
六、五彩路…… 44
七、我会做糕点…… 46
八、黑与白…… 49
九、可爱的小花蛇…… 53

中班（上）

一、雨中开的花…… 59
二、变鱼…… 64

三、大螃蟹 …… 67
四、水果丰收了 …… 71
五、美丽的鱼 …… 75
六、秋天的树叶 …… 78
七、降落伞 …… 82
八、画小鸡 …… 85
九、漂亮的轮胎 …… 88

中班（下）

一、神奇的蛋壳 …… 95
二、我有名片啦 …… 98
三、元宵节看花灯 …… 103
四、纸杯大变身 …… 106
五、奇妙的线条 …… 110
六、漂亮的瓷盘 …… 113
七、小蝌蚪 …… 115
八、小狗贝贝的房子 …… 118
九、粽子 …… 120

大班（上）

一、我们一起做拉花 …… 125
二、果蔬螃蟹 …… 129
三、我爱老师 …… 133
四、水果项链 …… 136
五、双面人偶 …… 140
六、环保手提袋 …… 143
七、瘸腿的男孩 …… 146
八、梦 …… 149
九、美丽的圣诞树 …… 152

大班（下）

一、母亲节的礼物 …… 159
二、小蝌蚪找妈妈 …… 162

三、我给自己当模特…………………………………………………………… 165
四、菠萝乌龟………………………………………………………………………… 169
五、旧鞋改造 DIY ………………………………………………………………… 173
六、蚕宝宝的一生…………………………………………………………………… 175
七、博士帽…………………………………………………………………………… 179
八、我和小伙伴的故事……………………………………………………………… 182

小班(上)

一、哥哥姐姐真是棒

设计意图

三岁的幼儿刚刚上幼儿园，对新的一切充满了好奇，但又胆怯。适应新环境需要一个过程，被动地等待或者慢慢去适应都不是好办法。而通过游戏和活动在潜移默化中化解对陌生环境的恐惧，使幼儿逐渐接纳新环境、认识新朋友，是幼儿园最常用的办法。本次活动，教师以美术欣赏的活动展开，通过欣赏使幼儿了解幼儿园。通过感受幼儿美术，调动幼儿对美术活动的兴趣，在活动中培育与新环境(幼儿园)的情感，使幼儿从接受、认可幼儿园，到热爱幼儿园，再到愿意上幼儿园。

活动目标

(1)让幼儿适应幼儿园这个新环境，喜欢幼儿园，愿意上幼儿园。

(2)让幼儿对美术活动感兴趣，能够专注地观察美术作品，能够在老师指导下参加美术欣赏活动。

活动准备

(1)知识经验：能用流利的语言与人交流。

(2)物质材料：已拍摄和制作完成的中班和大班幼儿美术活动的影视资料、各种纸张和工具等。

(3)环境准备：活动室里布置一些用不同材料、不同工具制作的绘画和美工作品，如泥工作品、折纸作品、剪纸作品等。

活动过程

1. 观看作品，激发兴趣

(1)教师带领幼儿参观活动室里陈列的美术作品，并向幼儿做简单介绍，引起幼儿的兴趣。

(2)师幼交流。

师：你们知道这些漂亮的作品是谁画的、谁做的吗？(幼儿猜测，自由回答)

教师用夸赞的口气讲述：这些都是中班和大班的哥哥姐姐们的作品。是他们用不同的笔和纸画出、用不同的材料做出来的。小朋友们只要认真学习画画，将来也会画出和制作出美丽的作品来。

2. 欣赏制作过程，加深感受

师：哥哥姐姐们是怎样制作出这些漂亮的作品来的呢？我们一起来看一看吧！

播放中班和大班幼儿绘画和制作美工作品过程的录像，让幼儿欣赏。

教师对绘画或制作进行简要讲解，让幼儿体验和感受绘画与制作过程，接受哥哥姐姐们认真制作态度的感染和启发。

3. 欣赏哥哥姐姐们的作品，表述感受

(1)欣赏不同类别的作品。教师选择不同类别的作品各一个，分别介绍这些作品的名称，引导幼儿逐一观察作品，鼓励幼儿说出自己看到了什么、是用什么材料做的、喜不喜欢这些作品、为什么。

(2)欣赏不同色彩的作品。教师出示一些色彩感较强的作品，引导幼儿欣赏作品的色彩，说一说自己比较喜欢哪一幅作品、里面有些什么颜色、为什么喜欢它。

4. 大胆尝试，自由画画

(1)师：这些都是哥哥姐姐们的作品，其实我们身边也有很多的人和事物，只要我们喜欢，都可以用画笔将它们画出来，也可以用材料制作出来。现在就让我们像哥哥姐姐们那样，画出、制作出自己喜爱的东西。你们愿意来试一试吗？

指导提示：可以画自己最喜欢的一个物件，如一个玩具、一种动物或一朵美丽的花卉，内容不限，旨在让幼儿愿意动手绘画。

(2)分发材料，让幼儿作画，教师指导。教师巡查，随机给以辅导，鼓励幼儿大胆操作，树立自信心。让幼儿知道，暂时画得不好没有关系，只要多动手，多练习，就一定能画出自己喜欢的作品。

5. 作品展示，欣赏评价

将幼儿作品收集起来集中展示，让幼儿相互欣赏，体验成功的快乐。

活动拓展

(1)带领幼儿观摩一次中班或大班幼儿的美工活动，让幼儿亲身感受一下绘画或制作活动的过程。

(2)让幼儿回家向家长说一说自己最喜欢的哥哥姐姐们的作品是什么，为什么喜欢。

(3)让幼儿回家后收集自己喜欢的绘画和美工作品，带到幼儿园放在美工区和其他小朋友分享，说一说自己收集的是什么作品，用什么材料制作的，色彩如何，自己为什么喜欢它。

二、小鱼吐泡泡

设计意图

小班幼儿的观察和思维能力总是强于他们的表达能力和表现能力。表达能力和表现能力发展的滞后，在一定程度上影响了幼儿对事物的认知。所以，在日常生活中，训练幼儿的语言表达和动手操作能力就尤为重要。美工活动“小鱼吐泡泡”的设计特别注重了对幼儿“说”与“做”的训练。通过“说”，表达对事物观察的理解；通过“做”，表现对事物思维的反应。在活动过程中，教师引导幼儿在观察小鱼的同时，表述小鱼吐泡泡的样子，学念相关的儿歌，完成对于观察理解的表达。教师引导幼儿为小鱼变泡泡，学习用粘贴、盖印的方法制作泡泡的美工技能，训练手眼协调性，提高动手操作的能力。

活动目标

(1)喜爱幼儿园，愿意参加集体活动，在活动中感受成功的快乐。

(2)愿意在教师指导下开展美工活动，学习美工技巧。

(3)具有一定的观察事物的能力。

(4)尝试运用盖章的方式制作泡泡。

(5)锻炼手眼协调性，提高动手操作的能力。

活动准备

(1)知识经验：有过饲养小鱼、观察小鱼的经历，对鱼儿在水里游泳、吃食、吐泡泡的情景较为了解。

(2)环境准备：布置“小鱼吐泡泡”的主题墙饰，让幼儿在活动前获得初步的感知。

(3)物质材料：不同大小的药瓶盖(适合小班幼儿手掌把握)若干(每个幼儿1~2个)、各色颜料及调色盒(盒内放置海锦)若干(每个小组2套)。

活动过程

1. 观泡泡

(1)教师出示一个盛小鱼的玻璃鱼缸，里面有几条观赏鱼在水草间游来游去，不时地吐出一些泡泡。

(2)师幼儿边观赏边交谈。

师：小朋友，这些鱼漂亮吗？(漂亮。)

它们在干什么？(游水。)

你们再仔细看看，它们还在干什么？(引导幼儿说出小鱼在吐泡泡。)

这些小鱼真有意思，一边做游戏，一边吐泡泡。它们吐出的泡泡有大泡泡、小泡泡，一个一个咕噜咕噜往上冒。

老师把小鱼吐泡泡的样子编了一个儿歌，带着幼儿一起念一念。

(3)教师带领幼儿一起学念儿歌《小鱼吐泡泡》，引发幼儿参与活动的兴趣。

小鱼吐泡泡(儿歌)

小鱼儿，真是淘，游来游去吐泡泡。大泡泡，小泡泡，一个一个往上冒。咕噜噜，咕噜噜，跑到水面不见了。

2. 盖印泡泡

(1)谈话引发兴趣。教师出示画有小鱼的图画。

师：小鱼在水里游来游去，玩得可高兴啦，它吐出了许多泡泡，可是我们这张纸上看不见，请小朋友帮它们变出泡泡好吗？

(2)教师请幼儿说一说自己想帮小鱼变什么样的泡泡，说清形状、颜色、大小等。

(3)盖印泡泡。出示各种小药瓶盖。

师：我们还可以用这些小瓶盖当作印章，盖印盖出泡泡来。

教师边示范边讲解：我们将小瓶盖在放有海绵的调色盒内蘸上颜料，在画纸上小鱼嘴巴上方轻轻盖上，就变成了泡泡。

(4)启发创造。

这是一种瓶盖印出的泡泡，如果我想让我的小鱼吐出更大泡泡来，该怎么办呢？我还想要让我的小鱼吐出五颜六色的泡泡，又该怎样来印呢？开动你们的小脑袋瓜，看哪位小朋友的小鱼吐出的泡泡最多最漂亮。

演示示范：盖上不同颜色或选择大小不同的瓶盖来盖印等。

3. 幼儿操作，教师指导

幼儿各自操作，按照教师的样子用小药瓶盖蘸上不同的颜料，给小鱼嘴巴前方印上五颜六色的泡泡。

4. 说泡泡

教师引导幼儿用完整的语言，说说自己印了几个什么种颜色的泡泡。如：我印了三个泡泡，一个红色的大泡泡，一个黄色的大泡泡，一个蓝色的小泡泡。

互相交流，各自说一说自己是怎样盖印泡泡的，并共享成功的快乐。

活动拓展

在美工角投放小蜡笔和纸，引导幼儿学习控制自己的小手，画出圆形的泡泡来。

附：

小鱼吐泡泡图片

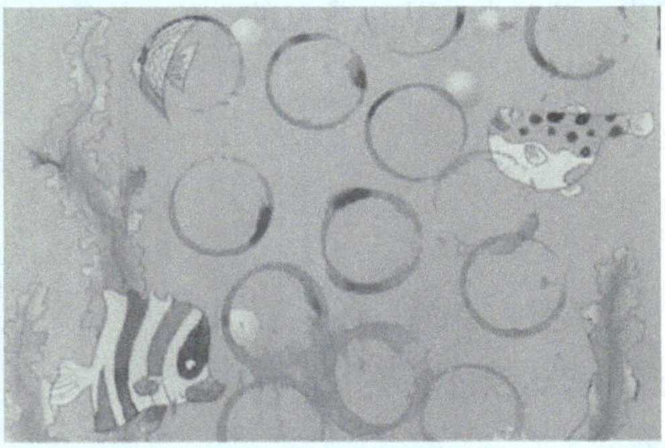

三、找朋友

设计意图

生活提供给了我们丰富的教育素材。世界是多彩的，各种色彩的组合使这个世界充满了美，充满了生机和活力。对所有美丽的事物，幼儿总是格外感兴趣。《指南》建议：“和幼儿一起发现美的事物的特征，感受和欣赏美。”生活中常见的水果蔬菜颜色丰富，又贴近生活，可利用果蔬丰富的色彩开展游戏，通过游戏认识常见的颜色，引起幼儿对生活中色彩美的关注，同时体验游戏活动的快乐。

活动目标

（1）喜爱幼儿园，乐于参加集体活动，体验集体游戏的乐趣。

（2）认识常见的果蔬颜色，能用语言准确地表达颜色。

（3）能够给常见的果蔬涂上恰当的颜色。

活动准备

（1）知识经验：幼儿已初步认识几种常见的颜色，如红、黄、蓝等。

（2）物质材料：常见果蔬的实物（苹果、香蕉、西红柿、茄子、西瓜、草莓、橘子等）若干，剪好的水果和蔬菜线描的图片若干，绘画用纸和彩色笔若干（幼儿每人1盒），双面胶若干。

活动过程

1. 游戏：水果、蔬菜找朋友

教师带领幼儿做“水果、蔬菜找朋友”的游戏，通过游戏活动认识常见水果、蔬菜及其颜色。

（1）教师事先在活动室里藏匿各种不同颜色的果蔬（数量要足够全班幼儿每人一

个)，请小朋友找一找，每人找到1个(棵)水果或蔬菜，拿着蔬果回到座位上，把水果或蔬菜放在桌上。

(2)教师请找到水果或蔬菜的小朋友分别说一说自己找到的是什么水果或蔬菜，它是什么颜色的，让幼儿加深对常见颜色的印象。

师：来到我们班上的蔬果都想找到自己的好朋友，你们愿意帮帮他们吗？

(3)示范游戏：

教师手拿苹果：我是苹果，我穿的是红颜色的衣服，与我穿相同颜色衣服的水果就是我的好朋友。我的好朋友，请你们站出来。

教师又手拿西红柿说：我是西红柿，我穿的也是红色的衣服，我愿成为你的好朋友。

(4)教师让手拿香蕉(或梨子)、茄子(或紫葡萄)、西瓜(或黄瓜)的幼儿学着教师的样子找朋友。

幼儿进行游戏时教师适时地给予提示和指点，以便游戏顺利进行。

2. 涂色游戏：水果、蔬菜穿新衣

师：小朋友，你们刚才都找到自己的好朋友了，可现在在你们桌上还有一些没穿衣服的朋友，找到你们的好朋友(的图片)，并给它们穿上合适的衣裳吧。

引导幼儿为画有轮廓线的各种水果和蔬菜涂上相应的颜色，训练幼儿眼、脑、手、臂的协调性，进一步巩固他们认知颜色的能力，同时让他们体验涂抹色彩的快乐。

3. 游戏结束活动

游戏“找呀找呀找朋友”

教师指导幼儿将涂好颜色的水果背面的双面胶撕掉，将水果图片粘贴在胸前。围成圆圈，让幼儿根据自己水果的颜色，找到相同或相近的果蔬，一边找一边唱：“找呀找呀找朋友，找到一个好朋友，敬个礼来握握手，你是我的好朋友，再见！”

活动拓展

(1)将各种水果、蔬菜图片放置于活动区中，让幼儿进一步认识果蔬的名称和颜色。

(2)待幼儿年龄稍大点后，让他们模仿色彩游戏的形式，按水果蔬菜的形状找朋友。

(3)可以和科学活动结合，引导幼儿进行果蔬分类的活动。

(4)给幼儿讲解水果、蔬菜的营养知识，促使幼儿养成爱吃水果、蔬菜的好习惯。

附:

水果和蔬菜图片

四、留住泡泡的画

设计意图

吹泡泡是小班幼儿最喜爱的游戏之一，幼儿小嘴一嘬，就可吹出一串串可爱的泡泡，有大有小，高高低低在空中飘荡，映着太阳光，变幻出各种颜色，引得孩子们欢呼雀跃，可爱的泡泡给孩子们的童年增添了丰富的色彩和无穷的乐趣。《指南》建议“创造条件让幼儿接触多种艺术形式和作品”。美术活动“留住泡泡的画”就是引导幼儿运用吹泡泡的方法作画，让幼儿体验别样的作画方式，使幼儿在随意、轻松的氛围下参与美术活动，表现自我，获得成功；在成功的艺术表现中收获愉悦，提升对美术活动的兴趣。

活动目标

(1)喜爱艺术，乐于参加艺术活动。

(2)对不同的绘画形式感兴趣，并愿意尝试体验。

(3)学习用吹泡泡的方法作画的技巧。

(4)培养良好的绘画卫生习惯。

活动准备

(1)知识经验：幼儿已经玩过用吸管吹泡泡的游戏，有吹泡泡的游戏经验。

(2)物质材料：用红、黄、蓝三种颜料加洗洁精和水调配成的能吹出泡泡的泡泡水。白色画纸若干(每个幼儿1张)、吸管若干(每个幼儿3支)、垫板若干(每个幼儿1块)。

活动过程

1. 游戏导入

(1)幼儿围坐成半圆，师幼交流。

师：今天老师和你们玩一个吹泡泡的游戏。现在由老师来吹泡泡，试试看用你们的小手能不能把这些美丽的泡泡给接住？

游戏接泡泡：教师吹泡泡，幼儿接泡泡。

(2)教师提问：刚才你们接住泡泡了吗？泡泡在哪里呀？

(引导幼儿说出泡泡不见了。)

(3)启发思考：这些美丽的泡泡停留的时间太短了，被宝宝们的小手一碰到就破了不见了，真可惜。小朋友们，你们能想个办法把这些美丽的泡泡留住吗？

幼儿讨论，教师肯定幼儿的讨论结果：画下来、拍照、摄像……

2. 出示范例，引发兴趣

教师出示泡泡画的范例，与幼儿交谈：

这幅画好看吗？(好看。)你们知道它是怎样画出来的吗？(幼儿猜测。)

它是老师把泡泡留在纸上形成的画。这种画叫做泡泡画。

你们喜欢这种画吗？(喜欢。)

好，我们一起来学习用泡泡吹画吧！

3. 操作示范，演示过程

(1)教师出示作画材料(三种颜色洗洁精加水、吸管)并讲述：

小朋友都知道，用洗洁精加水可以吹泡泡。我们把红、黄、蓝三种颜料分别兑进三瓶盛有洗洁精加水的瓶子里，制成彩色泡泡水。我们再用吸管蘸上彩色泡泡水，看老师能在纸上干些什么。看仔细哦。

(2)教师示范作画步骤：

拿吸管轻轻地蘸上有颜色的泡泡水，靠近白色画纸，对着画纸轻轻地吹出泡泡，画纸上留下彩色的泡泡的痕迹。泡泡留在了画纸上。

(3)用同样的方法拿吸管蘸上其他颜色的泡泡水，在纸上吹出泡泡来。依此类推，将泡泡留在画纸上。

(4)教师带领幼儿学念口诀歌《泡泡画》，帮助幼儿记住泡泡吹画的方法。

泡泡画

手拿一支小吸管，泡泡水里蘸一蘸，用嘴轻轻吹一吹，彩色泡泡就出现。左边吹右边连，纸上形成美画面。

4. 幼儿作画，教师指导

提醒幼儿注意以下几个问题：

(1)每支吸管只蘸一种颜色的水，3 支吸管分别沾不同颜色的水，不要搞混淆了。

(2)把不同颜色的泡泡吹在纸上，可以重叠吹，两种以上的颜色重叠在纸上可以变出新的颜色来。

(3)用吸管蘸色，吹泡泡的时候只能吹，不能用嘴吸，否则就会把洗洁精吸入嘴里了。

5. 作品展示，欣赏分享

将幼儿们的作品一一展示在大家面前，师幼共同欣赏。

教师小结：

师：今天的游戏大家表现得不错，我们用自己的方式将容易飞不见了的泡泡精灵留在了我们的画纸上，让它们可以做我们永远的朋友。你们真棒，让我们为自己鼓鼓掌吧。

活动拓展

将幼儿创作的作品收集展示在美术角，供幼儿互相欣赏。

附：

儿童制作泡泡画

（图片摘自：http://image.so.com/v?ie=utf-8&src=hao_360so&q=%E5%84%BF%E7%AB%A5%E6%B3%A1%E6%B3%A1%E7%94%BB&markt=qhr1514255058553&correct=%E5%84%BF%E7%AB%A5%E6%B3%A1%E6%B3%A1%E7%94%BB&cmsid=5ca9cfc4a6e4f9cbace96d17a82cad02&cmran=0&cmras=6&cn=0&gn)

（图片摘自：http://image.so.com/v?ie=utf-8&src=hao_360so&q=%E5%84%BF%E7%AB%A5%E6%B3%A1%E6%B3%A1%E7%94%BB&markt=qhr1514255058553&correct=%E5%84%BF%E7%AB%A5%E6%B3%A1%E6%B3%A1%E7%94%BB&cmsid=63c3b15b76a15dc1b66056c5c0138dc4&cmran=0&cmras=6&cn=0&gn=0&kn=0#ie=utf-8&sr)

五、给小动物喂食

设计意图

撕纸既是深受幼儿喜爱的手指游戏，又是适合幼儿年龄特点的创造性活动。教师设置“给小动物喂食”的情境，引导幼儿参与撕纸活动，在游戏中，将撕出的纸片联想成动物的食物，一边说出食物名称，一边将食物喂给小动物。活动不仅可以发展幼儿的想象力，眼、手、脑协调性，对培养幼儿专心、耐心的品质和行为习惯具有意义，同时还可以使幼儿获得一次有趣的造型创造体验。

活动目标

(1)让幼儿喜欢艺术，乐意参加艺术活动。

(2)让幼儿愿意在老师引导下开展撕纸游戏活动。

(3)训练幼儿思维，发展他们的想象力。

(4)让幼儿学习撕纸的基本技能，提高他们眼、手、脑协调并用的能力。

(5)培养幼儿的专注力以及语言表达能力。

活动准备

(1)知识经验：幼儿有随意撕纸、玩纸的经验。

(2)物质材料：不同的小动物图片 PPT 若干。

各色彩纸若干；贴有小动物形象的餐巾纸盒若干。

活动过程

1. 情景导入活动

教师出示若干小动物的图片。

师：小朋友，你们认识这些可爱的小动物吗？它们都是谁？有谁愿意说说？

(巩固已有知识和经验。)

小朋友，你们看我们的动物朋友，有的高兴，有的不高兴，还有的在悄悄哭哩！你们知道是为什么吗?(幼儿猜测。)

动物朋友告诉老师说，它们说肚子饿了，想吃东西。

老师知道小朋友都喜欢小动物，都有爱心，你们快帮帮它们，做点东西喂它们吧!

2. 教师示范游戏

教师拿出贴有小狗形象的餐巾纸盒放在桌上，再拿出来一张彩纸撕出纸片，示范做给小狗“做”东西吃的游戏：用手撕破纸张，如果纸撕出条状，就一边塞进纸盒里一边说：“狗宝宝，我喂你吃一根火腿肠吧。”如果撕出块状，就一边塞进纸盒里一边说：“狗宝宝，我喂你吃一块肉吧。”

教师分解示范撕纸的方法。

一边示范一边讲解：两只小手的大拇哥和食指捏住纸，一前一后移动小臂，纸便被撕开了。提示幼儿撕纸的时候要从纸的边缘开始撕。

3. 幼儿模仿游戏

(1)教师请幼儿两人为一组自由组合，发给每组若干张彩纸及一个画有小动物形象的餐巾纸盒。两人合作做游戏，一人拿纸盒，一人撕纸“喂小动物”，过一阶段两人互换。

(2)启发提示：

教师鼓励幼儿任意撕纸，并引导其根据撕出的形状给食物比拟取名。如：如果撕出的是条状的，可以说是面条、黄瓜、香蕉等；如果撕出的是块状的，可以说是蛋糕、馒头、苹果等，并将“做”好的东西“喂给小动物”。

(3)幼儿游戏，教师巡视指导。

4. 活动小结

教师观察各组幼儿的游戏，活动结束后，用游戏的口吻小结：

小朋友，你们真有爱心，不怕辛苦地“做东西喂小动物”。现在小动物都吃饱了，也都高兴了。它们说非常感谢小朋友。让我们为自己的表现鼓鼓掌吧。

活动拓展

可将材料投放到美工区，供幼儿继续任意撕撕玩玩，引导幼儿根据撕出来的形状，想象像什么，就起一个什么名称。如南瓜、白菜叶、猪尾巴、猫耳朵等。

六、雨天乐陶陶

设计意图

下雨天气常让大人烦恼，却让孩子们喜欢。听到滴滴答答的雨声，他们以为是好听的音乐；看到飘飘的雨线他们就想用手去接，放到掌心，或者用嘴去尝一尝它的味道……孩子们最喜欢在雨中嬉戏，踩着路上的雨水，脚底发出吧嗒吧嗒的响声，觉得是在用脚弹奏雨做的钢琴。

美术活动就是要从幼儿生活中寻找具有美的感性题材来表现(不管是视觉、听觉、嗅觉还是味觉上的美)，培养幼儿对美的感知能力。美丽而有趣的大自然是引导幼儿关注美、发现美、探索美、创造美的金钥匙，抓住幼儿身边熟悉的事物，激发他们的艺术创作激情是教师的责任与义务。本次活动以幼儿的感知经验为基础，帮助他们把握雨的特征，通过体验加深了解，并尝试用点、线的排列描绘雨，用画笔亲近大自然。

活动目标

(1)让幼儿热爱艺术，乐于参加艺术活动。

(2)让幼儿愿意用熟悉的方式表现自己的感受。

(3)帮助幼儿学习用点、线排列的方式描绘雨。

(4)帮助幼儿体验用画笔亲近大自然，激发他们热爱生活的情感。

活动准备

(1)知识经验：在平时注意引导幼儿积累有关天气的知识，对雨的特征有一定了解。

(2)物质材料：多媒体设备；录有雨天情景的视频1个(小雨、大雨、雷雨等不同的声音)；印有禾苗的画纸若干(幼儿人手1张)；记号笔、签字笔、水笔、油画棒若干(每组2盒)。

活动过程

1. 谜语导入，激发兴趣

师：小朋友最喜欢玩猜谜语的游戏了，今天我请大家一起来猜一个有关天气现象的谜语："千条线，万条线，落到地上花红草又绿；数不清，剪不断，落到水里看呀看不见。"(谜底：雨)

师：雨是什么样的，让我们一起来看看吧。

2. 播放录像，观赏雨天情景

教师播放录像，让幼儿仔细观察天气的变化和下雨的过程。特别提醒幼儿观察雨的特征。

3. 师幼交流，加深感受

(1)讲解关于"雨"的知识。

教师：下雨是一种最普遍的自然现象。春雨细，柳丝长，夏日暴雨晒高阳，秋雨缠绵冬雨凉。雨带给人的不仅是清凉，它滋润着万物，给自然万物带来生机。但是，雨过量也会给人类带来危害和灾难。

(2)教师与幼儿一起讨论下雨的形态。

教：雨是从天上落下来的，雨落下来的时候是什么样子的呢?

再次播放录像，引导幼儿根据录像画面和回忆生活经验自由表述。

教师继续提问：刮风了，直直的雨线，有什么变化呢?

播放起风时雨变成斜斜的雨线，让幼儿再次观察，加深对倾斜的雨线的感受，并运用语言描述出来。

(3)儿歌总结。

教师带领幼儿念儿歌，巩固知识：

点点滴滴是小雨，条条线线是大雨。倾斜直线是风雨，点线混杂是雷雨。

4. 游戏"听音画雨"

(1)师：老师这里有一张画，你们看画面都有一些什么?(禾苗)。

春天来了，为了让禾苗快快成长，请大家根据声音的提示，在你们的桌上选择粗细不同的画笔为禾苗画上春雨。

(2)教师提示游戏玩法：

先根据声音判断是什么雨，大雨、小雨还是雷雨?再根据所作出的判断选择粗细不同的笔，最后再动手在画纸上画出雨来。

你们听到的雨声可能跟老师听到的不一样，你们可要听好哦。

(3)幼儿画画，教师指导。

教师提醒幼儿注意笔画顺序(从上到下的笔顺)，学会运用竖线和斜线作画，并能进行有秩序的竖线和斜线的排列。

5. 作品展示与小结

将幼儿的作品集中粘贴于活动室让幼儿相互欣赏。

教师小结：在小朋友们的帮助下，小禾苗都喝足了水，它们表示一定不会辜负大家的希望，茁壮成长。让我们为自己鼓鼓掌吧！

活动拓展

(1)把幼儿的作品放到美术角，让幼儿互相欣赏，并作出自己的评价。

(2)亲子活动建议：请家长用一个装满水的喷壶高举着向下喷洒，先慢慢地喷洒，然后快一点喷洒。幼儿伸出小手来接水，通过手来感受水滴的大小，并观察水线的长短变化。

七、果树笑呵呵

设计意图

秋天，是水果丰收的季节。果园里，硕果累累，缀满枝头；商店里，天南地北的水果琳琅满目；家里老人、孩子喜欢吃的水果应有尽有。幼儿不仅喜欢味道不同的各种水果，更喜欢水果不同的形状和丰富的色彩。《指南》建议“与幼儿一起发现美的事物，感受和欣赏美”。本次活动，以果树妈妈找水果宝宝为情境，通过为果树妈妈画上它的水果宝宝展开美工活动，引导幼儿尝试用印章和棉签绘制各种不同的水果，学习盖印的方法，掌握盖印技巧，训练手眼协调能力，感受创造的乐趣，体验成功的快乐。

活动目标

(1)让幼儿喜欢上幼儿园，乐于参加美工活动。

(2)让幼儿愿意在老师的引导下学习各种技能，体验成功的快乐。

(3)帮助幼儿在情景中体验母爱。

(4)帮助幼儿通过观察，了解不同水果的形状和色彩。

(5)帮助幼儿学习用印章、棉签画等方式表现各种水果。

活动准备

(1)知识经验：能认识常见的水果，在有条件的前提下，可带领幼儿参观果园，开展采摘水果活动，让他们直接获得有关果树、果实的感性知识与经验。

(2)物质材料：各种拟人卡通果树的图片若干；自制各种水果印章若干；棉签；各色水粉颜料及调色盒；湿抹布若干；各种水果实物若干。

活动过程

1. 观察图片和实物，丰富幼儿的感知

教师出示各种卡通果树的图片，与幼儿交谈。

师：小朋友，这些果树为什么笑得那么开心啊？(树上都结满了果实。)

因为秋天来了，果园丰收了，水果都挂满了枝头，果树妈妈为有这么多的水果宝宝高兴。

(出示苹果、香蕉、梨子、橘子、柚子、枣、石榴、柿子、芒果、菠萝等水果实物)你们喜欢什么水果呢？说一说它们各是什么形状、什么颜色的。(幼儿自由表述。)

2. 学习用印章和棉签绘画，帮果树妈妈找回水果宝宝

(1)教师出示另外一张卡通果树的图片，师幼谈话。

师：别的果树妈妈都很高兴，这两棵果树妈妈怎么也高兴不起来，你们知道是为什么吗？(树上没有水果宝宝。)

哦，大概它们的水果宝宝出去玩忘了回家的路，我们一起帮忙把水果宝宝找回来吧！

(2)工具介绍。

教师出示印章、棉签等绘画、制作工具。

师：我们可以用印章和棉签帮果树妈妈找回水果宝宝。

(出示印章。)以前我们用印章印过鱼泡泡，现在也可以用水果印章在树上印出各种各样的水果。谁来试一试？

(3)幼儿尝试盖印方法。

从苹果、梨子、橘子、柚子、枣、石榴、柿子等水果图章中任选一个轻轻沾上合适的颜料。

将其盖在印有果树的画纸上。

在画面空余位置用同样的方法印出其余水果，直至将果树挂满。

(出示棉签。)我们还可以用棉签蘸上不同的颜料，在树上画出各种各样的水果。哪位小朋友愿意来试试呢？

(4)幼儿尝试棉签画方法：

拿出一根棉签在盛颜料的调色盘中轻轻沾上紫色颜料。

找到树中任意两片叶子的交汇处，用沾有紫色颜料的棉签点出葡萄来，葡萄从上到下，由多到少地排列。

用同样的方法在画面其他位置盖点出葡萄来，直至葡萄挂满枝头。

你们都学会了，让我们一起来帮助水果宝宝回家吧！

(5)任务布置：

师：每位小朋友桌上都有一张果树妈妈的图片，请小朋友先设想一下自己手中的果树妈妈是谁，是哪种果树，是苹果树还是香蕉树？那么它们的宝宝又该是谁？然后在桌上的篮筐里将它的水果宝宝印章找出来，用你们刚才所尝试成功的办法，帮果树妈妈找回它的果树宝宝们。或者用棉签画出果树宝宝来。比一比，看哪位小朋友为果树妈妈找到的宝宝最多最好。

3. 幼儿操作，教师巡视指导

(1)幼儿自由选择绘画工具进行操作。

幼儿分别用印章或棉签在树冠上印出或画出自己喜欢的水果。

(2)教师提示注意以下事项：

①水果要盖印在树冠的范围以内。

②一个印章、一根棉签都只能蘸一种颜料，想用另外一种颜色，必须换一个印章或一根棉签。

③要保持小手和桌面的清洁，否则会污染画面。

(3)教师关注操作有困难的幼儿，及时给他必要的帮助。

(4)在幼儿基本完成操作后，教师指导幼儿在树干上画出果树妈妈的笑脸，并对幼儿说：水果宝宝都回来了，果树妈妈又笑得乐呵呵了。

4. 集中展示作品，幼儿互相交流

教师将幼儿作品集中在展示台上，请幼儿共同欣赏。互相说一说自己是用什么绘画工具操作的，是印的还是画的，有哪些水果，它们是什么形状、什么颜色的。

5. 品尝水果，分享快乐

教师将水果分发给幼儿，和幼儿一起品尝美味的水果，在快乐的气氛中结束活动。

活动拓展

引导幼儿用不同的方式表现水果，如撕纸粘贴和手捏泥塑，丰富幼儿的表现手段。

八、花围巾

设计意图

《指南》建议“创造条件让幼儿接触多种艺术形式和作品”。浸染是一种从民间扎染工艺中衍生出来的印染技术。传统扎染技术程序复杂、工艺烦琐，幼儿学习起来难度大。本次活动以游戏展开，通过创设的情景，引导幼儿用宣纸以浸染的方式制作带图案的围巾，作为礼物，送给亲朋好友，降低学习的难度，使活动更适合幼儿操作。通过折叠、印染等一系列活动，让幼儿感知对称的美、色彩的美。活动使幼儿从小就接触民间印染艺术，培育他们对民间美术、民族文化艺术的兴趣。

活动目标

(1)让幼儿喜爱上幼儿园，喜爱手工活动。

(2)让幼儿喜欢色彩，愿意尝试学习制作浸染图案。

(3)帮助幼儿养成细心、认真的操作习惯，体验成功的快乐。

(4)帮助幼儿感受民间艺术的美，培养幼儿对民族文化艺术的兴趣。

活动准备

(1)知识经验：已有过折纸的经历，能根据要求完成最简单的折纸动作。

(2)物质材料：各种成品的浸染物(如手绢、花布等)若干；长方形生宣纸；几种颜料加水调出的染色剂；调色盘、彩色笔、棉签、抹布、旧报纸若干。

活动过程

1. 情境导入课题

教师出示白色长条状宣纸，自言自语道：今天是我爸爸的生日，我想送给他一条漂亮围巾，可是怎么找也没找到合适的，只买到了一条白围巾，它实在不好看，我只好自己动手把它加工一下了。

2. 出示“白围巾”

思考我们怎样将白围巾变成彩色漂亮的花围巾。

3. 教师示范

演示花围巾的具体印制方法，一边演示一边讲述。

(1)取出白色长条形宣纸(围巾)，沿短边对折，再对折。

(2)再沿长边对折。

(3)用手指捏住中间，将一边轻轻放进盛有颜色调色盘里，再用旧报纸或抹布轻轻沾一下，沾去多余的水分。

(4)用同样的方法，在另一种颜色盘中浸染另外一边。

(5)其余两边的浸染方法同上。

(6)在中间空白地方，可用棉签蘸染色剂点色染透(注意留白)。

(7)作品展示：

轻轻将宣纸打开、展平，放在旧报纸上晾干或用吹风机吹干。

介绍印制方法：这种图案的印制方法叫浸染。

老师的花围巾漂亮吗？你们想不想学着老师的样子也做一条？让我们快快动手吧，看看谁制作的围巾最漂亮。

4. 幼儿操作，教师指导

(1)鼓励幼儿选择自己喜欢的颜色，浸染自己喜欢的图案；

(2)提醒幼儿蘸颜料的时间不能太长，打开时可多等一下，让宣纸稍干一些再打开，打开时动作要慢一点，不要弄破宣纸纸；

(3) 督促幼儿及时擦掉手上、身上、桌子上的染料，注意卫生；

(4)协助能力较弱的幼儿完成操作。

5. 幼儿作品展示与欣赏

(1)教师将大家的作品收集起来集中展示。

(2)让幼儿介绍自己的作品。鼓励幼儿用完整的语言介绍自己是选用哪几种颜色浸染围巾上的图案的。

(3)教师小结：

今天，我们每人都浸染了一条围巾，我觉得你们印制的花围巾真是太漂亮了，父亲节就要到了，我们可以把这送给我们的爷爷、外公，爸爸或叔叔，大家可要保密哟，到时候给他们一个惊喜，好不好？让我们先为自己鼓鼓掌吧！

活动拓展

(1)将幼儿浸染的作品放在美术区角中，供幼儿互相欣赏。

(2)待染纸图案完成后，鼓励幼儿用同样的方法进一步再加工，如：做窗帘、降落伞等。

附：

浸染图片

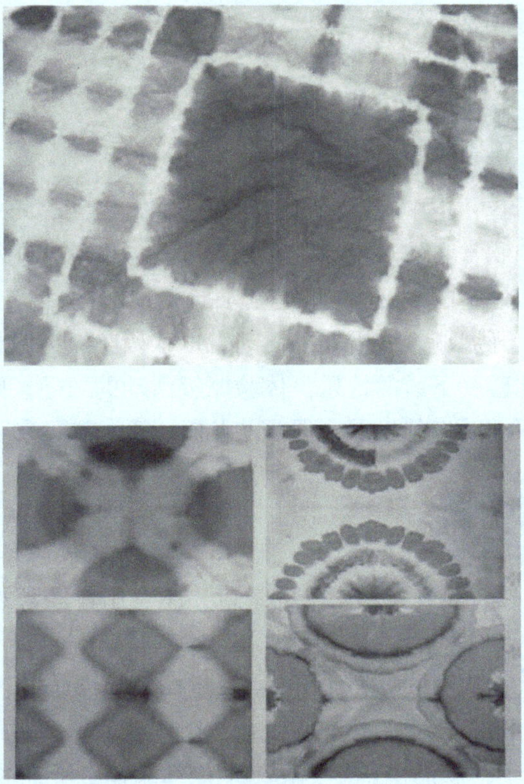

九、小雪花

设计意图

下雪了。洁白的雪花在空中轻飘曼舞，给孩子们带来无尽的欢乐。《指南》建议“和幼儿一起感受、发现和欣赏自然环境和人文景观中美的事物，让幼儿多接触大自然，感受和欣赏美丽的景色和好听的声音”。正是基于此要求，我们设计了本次活动。以幼儿对下雪的兴趣为引子，开展撕纸变雪花的活动，以手撕碎纸为原料，以抛纸屑的方式模仿下雪的情景，使幼儿感受下雪的快乐，体验撕纸活动的乐趣。同时锻炼幼儿手指动作的灵活性，加强手部精细动作的发展，促进幼儿眼、手、脑的协调性。

活动目标

(1)让幼儿喜爱自然，热爱自然中美的景色，愿意用自己喜欢的方式表现所看到的美景。

(2)让幼儿了解雪花在空中飘舞的情景，愿意在教师指导下制作雪花。

(3)帮助幼儿学习撕纸的方法，尝试用“撒”和“贴”的方式表现雪景。

(4)训练幼儿眼、手、脑的协调性，帮助他们体验撕纸活动的乐趣。

活动准备

(1)知识经验：幼儿已有撕纸的经验。在下雪的时候，进行过户外活动，对下雪有感性认识。

(2)物质材料及设备：事先摄制幼儿在雪天户外玩雪活动的录像视频 1 个，多媒体教学设备 1 套，歌曲《小雪花》，废旧白纸若干，绘有雪景的灰色卡纸 1 张。

活动过程

1. 忆雪花

(1)教师在背景音乐——歌曲《小雪花》的伴奏下，播放下雪时幼儿们户外活动情景录像视频。

录像中，有的幼儿在捧雪花，有的幼儿在尝雪花，有的幼儿在打雪仗，有的幼儿在堆雪人，有的幼儿在滚雪球……大家都兴致勃勃。

(2)观录像，畅回忆。

教师请幼儿一边观看录像，一边回忆当时玩雪的情景。

师幼交谈：你们在录像中找到自己的身影了吗？

当时你是怎样玩雪的？(幼儿自由表述。)

雪花是什么样的？(一片一片的。)

雪花是怎样下来的？(从天上飘下来的。)

(3)教师带领幼儿用身体动作表现雪花飘舞的情景。

2. 撕雪花

(1)师：雪花在空中随风飘荡，就像跳舞一样，一会儿上，一会儿下，慢慢飘落在地上。你们觉得好玩吗？(好玩。)

待会儿老师想和大家们一起玩雪花的游戏，可是现在的天气没有下雪，你们说怎么办？(幼儿各自发表自己的想法。)

教师提议：我们自己做“雪花”好吗？

(2)教师示范、讲解撕“雪花”的方法：

一手拿住白纸靠近一角的地方，一手用大拇指和食指捏住纸的一个小角，一下一下地撕成碎片，碎片撕得越小越好。

(3)教师给每个幼儿发2张白纸，幼儿按照教师的方法把白纸撕成小小的碎片。

3. 撒雪花

(1)教师讲述：小朋友真能干，一下子就做出来了这么多雪花。我们现在一起来“撒雪花”，看看我们自己做的雪花在空中是怎样飘舞的。

(2)教师请每个幼儿拿着自己撕出的碎纸片，跟着教师走到二楼走廊，将手中的碎纸片从栏杆的空当往下抛去，观看自己做的雪花在空中飘舞的样子。

师：撒雪花大家玩得开心吗？

幼儿游戏(略)

我们自己做的雪花除了撒着玩还可以怎么玩呢？幼儿思考，教师提示。

4. 贴雪花

(1)教师出示绘有雪景的卡纸，向幼儿观察提问：这幅雪景画面，好像空中缺一点什么，你们看看，缺什么呀？(缺雪花。)小朋友快把你们撕纸的雪花贴上去吧，让画面变成正在下雪的样子。

(2)教师发给每个幼儿一支胶棒，把“雪花”粘贴在画面上。

教师指导幼儿一手按住纸面，右手用胶棒轻轻在画面上均匀地涂胶，然后把碎纸片撒在画面上，再用小手把碎纸片轻轻按一按，画面的天空下起了雪花，一幅飘雪图就完成啦。

5. 唱雪花

教师播放歌曲《小雪花》，带领幼儿一起跟着哼唱，模仿雪花飘落的样子随意做动作，体验雪花飘落，表达“玩雪”的快乐。

活动拓展

引导幼儿学儿歌《小雪花》，并自编动作进行表演。

附：

小雪花(儿歌)

小雪花，小雪花，想妈妈，张开翅膀飘飘下，妈妈怀里甜甜睡，梦见自己正长大。春风姑娘来看它，只见遍地小红花。

小班(下)

一、美丽的花环

设计意图

春天是许多花儿发芽、盛开的季节，五颜六色的花争奇斗艳，竞相开放。在这个季节里，人们会相约到户外踏青和郊游，尽情地领略大自然的风光。每当这时我们就能听到孩子们欢快的笑声，看到孩子们活泼的身影。教师可以抓住教学的契机，通过户外活动，让幼儿亲近大自然，启发幼儿对自然美的感悟，并指导幼儿尝试用纸花、纸叶进行装饰，从中获得创造的快乐。

活动目标

(1)帮助幼儿懂得不要随意拔草摘花，要保护大自然的环境。

(2)帮助幼儿学习用铜芯线将各种纸花、纸叶进行有规律性地穿串。

(3)让幼儿感知花朵色彩的丰富多样及色彩的搭配美，体验创造的快乐。

活动准备

(1)物质材料：教师事先用彩色皱纹纸制作不同颜色、形状的花朵以及不同形状的绿叶，准备穿串花环的铜芯线(每 3 个幼儿 1 套)、花环的图片、各种花卉的视频、视频播放设备、故事《小兔的花环》等。

(2)知识经验准备：带领孩子们在花园里欣赏、观察过各种花卉。

活动过程

1. 故事《小兔的花环》

(1)教师讲述故事《小兔的花环》，请幼儿欣赏。

(2)教师结合故事提问：小兔为什么没有打扮就去参加音乐会了？可是小兔上台表演的时候，头上却有一个光彩夺目的花环，这是怎么回事？(幼儿根据故事的内容和自己的理解讲述。)

在幼儿讲述的基础上，教师归纳：小兔本来想拔草编一顶帽子，还想摘太阳花编一个花环，可是小草和太阳花都怕痛，小兔不忍心让小草和太阳花挨痛，所以没有打扮就去参加音乐会了。蝴蝶知道小兔子是个好孩子，在它表演的时候在它头上飞舞着组成花环，让小兔子显得格外漂亮。

(3)教师引导讲述，引发幼儿自己动手制作花环的兴趣：

刚才老师接到了一个电话，说动物园里的小动物们正在举行运动会，很多小动物得了奖，想邀请我们的小朋友作为它们的颁奖嘉宾，给这些得奖的、可爱的小动物们做一些好看的花环。但是，我们应该向小兔学习，不要拔草摘花。那我们用什么做花环呢？老师想了一个好办法，待会儿告诉大家。

2. 观察活动

(1)教师播放各种花卉的视频，引导幼儿欣赏，并进行简短的谈话，感受花瓣、叶片的美。

(2)教师引导幼儿仔细观察花环的图片，感受花环的外形特征及装饰特点。

3. 制作活动

(1)教师出示用彩色皱纹纸制作的各种花朵和花叶，讲述：我们不去拔草摘花，用这些纸花、纸叶制作花环一样漂亮。

(2)教师进行示范讲解：

我们可以选黄、白、红、粉紫等色花朵和绿叶间隔搭配，然后通过铜芯线的穿串把这些花朵和叶片连接成花环。

(3)教师鼓励幼儿说出自己心目中认为最漂亮、最想做的花环是怎样的，让幼儿思考采用什么颜色、形状的花朵和叶片进行搭配穿串。

(4)教师给各组幼儿分发纸花、纸叶，请幼儿自由组合，三个幼儿结伴制作一个花环。幼儿根据自己的喜好来选择不同颜色、形状的花朵和叶片，完成穿串花环的制作活动。

(5)在幼儿制作过程中，教师巡回观察指导，并提醒幼儿用铜芯线穿连花环的时候要注意安全，不要扎破手指。

4. 欣赏活动

(1)在幼儿完成花环制作后，请幼儿将花环戴在头上进行展示，互相交换欣赏，并自由表演，共同游戏。

(2)教师用鼓励和引导的语言评价幼儿的作品，并用动物园小动物的语气谢谢小朋友为它们制作出漂亮的花环，使幼儿体验花环装饰美的乐趣。

活动延伸

(1)艺术活动：引导幼儿进一步尝试完成项链、手链等的穿制活动。

(2)语言活动：故事续编——《美丽的春天》。

(3)区域互动：串串看(穿珠子、绕绳子)。

二、柳树姑娘

设计意图

春天的颜色真是五彩缤纷。太阳是红艳艳的，天空是湛蓝湛蓝的，树梢是嫩绿的，迎春花是娇黄的，桃花是粉红的……难怪诗人爱吟咏春天，画家爱描绘春天，因为春天是世界一切美的融合，一切色彩的总汇。但是，春天的柳树不是用色彩来表现自己的美，而是用它那婀娜的身姿来表现美。教师要引导幼儿通过欣赏湖边柳树的视频，观察了解柳树的形态特征，领悟柳树表现出来的娇柔美感，学习运用弧线线条描画出随风飘荡的柳条，运用点画的方法表现柳树的嫩叶，从中体会到弧线线条和点画方法的神奇，提高参与美术活动的兴趣。

活动目标

(1)帮助幼儿观察、了解春天柳树的形态特征。

(2)帮助幼儿学习运用弧线线条和点画的方法表现柳树的枝条和嫩叶。

(3)让幼儿通过作画产生的艺术效果感受美术活动带来的乐趣。

活动准备

(1)物质材料：松树、杨树、柳树的图片；已经画好树干的画纸若干(每个幼儿 1 张)；彩笔、油画棒若干(每组各 2 盒)；录有春天湖边柳树的视频 1 个；视频播放设备等。

(2)知识经验准备：活动前教师和家长可带领幼儿到公园、湖边游览，欣赏和感受春天美丽的景色。

(3)环境准备：春天的主题墙。

活动过程

1. 欣赏视频，激发兴趣

(1)教师播放春天湖边柳树的视频，请幼儿欣赏柳树的美丽：在清澈的湖水岸边，一株株柳树扭动着身姿，低垂着头，像一个个害羞含笑的姑娘。那随风飘拂的柳枝上星星点点地冒出了绿芽，显得那样柔美，吸引着人们忍不住要和她亲近。

（2）教师结合视频提问：小朋友，这些湖边的柳树好看吗？你们觉得它们美在哪里？（幼儿根据自己的观察回答问题。）

在幼儿表述的基础上，教师拿出松树、杨树、柳树的图片，归纳：柳树的美首先表现在它的躯干上，它的树干不像梧桐树那样粗壮高大，而显得匀称又稍有弯曲；柳树的美还表现在它的枝条上，它的树枝不像松树那样七叉八伸，而是非常柔顺地向下低垂着；柳树的美还表现在它的叶子上，它的绿叶不像杨树那样簇拥得你挤我攘，而是整齐地排列在枝条上；柳树的美更表现在它的动态上，当春风吹来，它的枝条随风飘荡，就像轻歌曼舞一样。

（3）教师带领幼儿学念儿歌《柳树姑娘》，帮助幼儿记住春天柳树的特征。

2. 教师讲解，示范画法

（1）教师请幼儿观察画好树干的画纸，提问：画面上的树怎么没有我们在视频中看到的柳树那样漂亮啊？这棵树上还差些什么？（幼儿自由表述。）

（2）教师引发幼儿作画的欲望：小朋友，你想把画纸上的柳树变得和视频中的柳树一样漂亮吗？我们一起来学一学柳枝和柳叶的画法吧。

（3）教师讲解柳枝、柳条和柳叶的画法：先用棕色彩笔或油画棒画柳枝，柳枝可以用弧线线条来表现。画弧线线条的时候要注意有一定弧度，还必须是由上往下一笔画完，线条连贯。然后再用草绿色彩笔或油画棒添加细柳条，要把柳树的柳条画得多一些，密一些。最后用淡绿色点画刚发芽的柳树叶，下笔要轻，要肯定，不要在纸上拖、蹭，要将叶子一一点画在柳条的两边。

3. 幼儿作画，教师辅导

幼儿根据教师的讲解和示范，在已经画好树干的画纸上作画。教师巡回观察，适时地给予幼儿相应的指导。

4. 共同欣赏，交流评价

教师安排幼儿分组活动，请幼儿在组内展示自己的作品，请同伴一起欣赏。教师引导幼儿对同伴的作品进行简单的评价。

活动延伸

（1）艺术活动：引导幼儿采用其他的材料，如彩色皱纹纸、毛线等，利用手搓、粘贴等方法继续表现柳树。

（2）艺术活动：舞蹈——《我是小柳树》。

（3）语言活动：故事创编——《春天来了》。

三、青蛙和小蝌蚪

设计意图

手指画是指用手指蘸水粉颜色在纸上点画。这种方法很受幼儿的欢迎，孩子们可以比较自如地点画。手指画容易收到粗犷、朴实、有力的绘画效果。幼儿在用手指作画的过程中，还锻炼了手部的肌肉和手指的灵活性。教师在本次活动中要引导幼儿学习用手指画蝌蚪，学习点画和拖画的技法，表现蝌蚪的活泼可爱，同时潜移默化地获得有关蝌蚪和青蛙的科学知识，知道蝌蚪长大变成青蛙、青蛙是益虫、能够保护庄稼等。

活动目标

(1)让幼儿知道蝌蚪是青蛙妈妈的孩子，蝌蚪会变成青蛙，青蛙是保护庄稼的益虫。

(2)帮助幼儿学习运用手指画的点画法和拖画法表现蝌蚪，体验手指画的乐趣。

(3)训练幼儿眼手配合的协调能力，锻炼他们手部的肌肉和手指的灵活性。

活动准备

(1)物质材料：装有几只蝌蚪在水里游动的金鱼缸 1 个；调色盘里盛放一块海绵，将调好的黑颜料导入海绵中(每个小组 1 盘)；抹布若干(每个小组 2 条)；西瓜子壳若干(每个小组 1 盘)；胶水若干(每个小组 2 瓶)；试画白纸若干(每个幼儿 2 张)；画面《春天来了》(湖里没有蝌蚪)；教师范画 1 幅等。

(2)知识经验准备：观察过蝌蚪。

(3)环境准备：区角有养了蝌蚪的金鱼缸。

活动过程

1. 情景讲述，导入活动内容

(1)教师请幼儿观察画面《春天来了》，并讲述画面的内容。

在幼儿讲述的基础上，教师补充讲解：暖和的春天来了，湖边的柳树长出了树叶，桃花也开了。一只青蛙妈妈独自蹲在睡莲的叶子上伤心，水面空荡荡的。画面中为什么只有青蛙妈妈，却没有小蝌蚪呢？还是听老师讲个故事吧！

(2)教师进行情景讲述(“青蛙和蝌蚪”)，引发幼儿参与活动的兴趣。

(3)教师结合情景讲述与幼儿交谈：小朋友，蝌蚪是怎么生出来的呀？(青蛙妈妈产的卵孵出来的。)蝌蚪怎么变成青蛙呢？(先长出后腿，再长出前腿，尾巴消失后就变成青蛙了。)现在青蛙妈妈为什么伤心呢？(小蝌蚪不见了。)青蛙是益虫，保护庄稼，小蝌蚪长大了也会变成青蛙。你们愿意帮青蛙妈妈找回小蝌蚪们吗？(愿意。)

2. 观察实物，熟悉小蝌蚪的形态特征

(1)教师提问：小朋友们都愿意帮青蛙妈妈找回小蝌蚪，可你们知道小蝌蚪长什么样吗？(幼儿自由讲述。)

(2)教师出示一个玻璃金鱼缸，里面有几只小蝌蚪在水里游来游去。提问：谁能描述小蝌蚪的样子？(请幼儿根据观察用完整的句子讲述。)

(3)教师带领幼儿学会诵读《小蝌蚪》的儿歌，帮助幼儿记住小蝌蚪的形态特征：

小蝌蚪，真可爱，黑黑的身体大脑袋；小尾巴，细又长，游来游去两边摆。

3. 观摩范画，学习小蝌蚪的画法

(1)教师出示范画，提问：你们知道老师是用什么画的吗？(幼儿猜测讲述。)

(2)教师告诉幼儿范画是用手指画的，用手指画的画就叫手指画。然后给幼儿分发黑色颜料和试画的白纸。

(3)教师示范并讲解手指画蝌蚪的方法：用食指的手指肚蘸黑色颜料在纸上点出蝌蚪的头(让幼儿试画一下，并提示幼儿手脏了用抹布擦一擦，不能乱摸，以免污染了衣服和桌面)，然后用手指拖画法添画蝌蚪的尾巴(让幼儿接着试画，提示幼儿把尾巴画得细长一点)。

(4)教师提问：如果要想画很多只蝌蚪往不同方向游，那么小尾巴的方向应该怎么画？(请幼儿思考讲述。)

(5)教师进一步示范讲解：我们可以从不同的方向添画小蝌蚪的尾巴(让幼儿再接着试画，提示幼儿让蝌蚪朝着不同方向游动)。

(6)教师引导讲述：你们会用手指画画了吗？那就赶快动手，帮青蛙妈妈找回小蝌蚪吧。

4. 动手作画，体验手指画的妙处

(1)教师请幼儿在另一张白纸上作画，同时播放轻音乐，让幼儿心情放松地进行操作。

(2)在幼儿作画的过程中，教师巡回观察，鼓励幼儿大胆作画，仔细操作，注意点画方法，每次点画后马上抬起手指，并用抹布擦干净手指，避免到处点、蹭，以免弄脏画面；注意蝌蚪不要画得太挤，要安排得疏密适当，且画出不同方向游的蝌蚪。

(3)教师关注能力较弱的幼儿，采取个别适当辅导的策略帮助幼儿完成作品。

5. 展示作品，表达成功的喜悦

(1)教师请幼儿把作品集中摆放在展台上，大家共同欣赏。

(2)教师以青蛙妈妈的口吻感谢小朋友帮她找回了小蝌蚪。

(3)教师带领幼儿诵读《小蝌蚪》的儿歌，让幼儿释放成功的快乐情绪。

活动延伸

(1)艺术活动：进一步指导幼儿学习粘贴添画：将西瓜子用胶水粘贴在画纸上，当做蝌蚪的脑袋，然后用手指蘸上黑颜料添画尾巴，让幼儿体验又一种作画的乐趣。

(2)游戏活动：《小蝌蚪找妈妈》。

(3)区角活动：观察蝌蚪变成青蛙的过程。

四、背着房子的旅行家

设计意图

春天来了，蜗牛们又背着房子高高兴兴地出来旅行了。蜗牛的出现，自然引起了幼儿们的兴趣。在草地里、树干上，他们发现了蜗牛的踪迹，蜗牛成了他们观察、交流的主题。针对幼儿的兴趣，教师要引导幼儿通过观察和欣赏，了解蜗牛的生活习性和形态特征，领悟蜗牛所体现出来的柔软美感，学习运用螺旋线线条描画出蜗牛的贝壳，运用线条粗细交错表现的方法，从中体会各种线条的神奇变化，提高参与美术活动的兴趣。

活动目标

(1)帮助幼儿了解蜗牛的生活习性，观察蜗牛的身体结构和特征。

(2)帮助幼儿学习运用粗、细不同的笔作画，并表现蜗牛的爬行动态以及对蜗牛进行装饰。

(3)锻炼幼儿手腕的灵活性以及握笔画线的技巧。

活动准备

(1)物质材料：有关蜗牛的情景讲述音频资料；蜗牛的图片若干；蜗牛的范画1张；粗细不同的勾线笔、彩色笔若干；白作业纸若干(每个幼儿1套)；橡皮泥或黏土若干(每个幼儿1份)。

(2)知识经验准备：幼儿有绘制不同线条的经验。

(3)环境准备：作业展台。

活动过程

1. 猜谜活动，激发活动兴趣

(1)教师请幼儿猜谜：说它是头牛，不会拉犁头；说它力气小，背着房子走。(引导幼儿猜出谜底：蜗牛。)

(2)教师导入：小朋友们好聪明，一下就猜出是蜗牛了。今天我们活动的主题就是可爱的小蜗牛。

2. 情景讲述，了解蜗牛习性

（1）教师提问：小朋友们，你们见过蜗牛吗？它们在哪里生活？你们了解它们的生活习性吗？（幼儿自由讲述。）

有一只小蜗牛，讲述了它们生活的情景，让我们一起来听一听吧。

（2）教师播放情景讲述“背着房子的旅行家”的音频，请幼儿一边看图，一边认真倾听录音。

（3）教师结合音频内容提问：为什么称蜗牛是“背着房子的旅行家”？这个“房子”对蜗牛来说有什么作用？蜗牛喜欢在哪里生活？它喜欢吃什么？它爬行的时候为什么会留下长长的痕迹？（幼儿根据录音和已有经验自由讲述。）

（4）在幼儿讲述的基础上，教师归纳：蜗牛不论爬到哪里，身上总是背着它的蜗壳，所以被形象地称为“背着房子的旅行家”。蜗牛喜欢在阴暗潮湿的地方生活，害怕太阳暴晒；它喜欢在土壤腐质里汲取养料，也喜欢吃农作物的细芽嫩叶，所以在这方面对农作物有害；蜗牛在爬行的时候，足下分泌一种黏液，可以降低蜗牛行走的摩擦力，还可以防止蚂蚁一类的昆虫对蜗牛的侵害。所以，凡是它经过的地方都会留下一条长长的痕迹。

3. 实物观察，了解蜗牛外形

（1）教师出示一只蜗牛，请幼儿近距离地仔细观察，发现蜗牛身上所蕴涵的装饰美。

（2）教师提问：蜗牛由哪儿部分组成？有什么重要特征？（幼儿根据观察讲述。）

（3）在幼儿讲述的基础上，教师补充讲解：蜗牛由头、身子、足和蜗壳组成。它头上有一对触角，眼睛就长在触角上；它身体软软的，腹部有扁平宽大的足；它身上背着一个螺旋状涡形硬壳，非常漂亮，这是它与众不同的重要特征；它在爬行的时候，身后会留下一条长长的痕迹。

4. 教师示范，讲解蜗牛画法

（1）教师出示范画，引导幼儿观察范画的内容。

（2）教师示范作画，讲解蜗牛的画法和操作步骤。

①先画蜗牛的壳。画的时候可以采用螺旋画法，由内往外画，也可以向左或向右旋转画壳，还可以根据自己的喜好一层一层地变换线的粗细和颜色。用各种线和几何形排列起来组成花纹，可把蜗牛壳装饰得更美。

②接着画蜗牛的头部和身体。蜗牛的头部要画粗一点，圆一点，蜗牛的身体要挨紧壳，把壳的下半部分围起来。

③再添画蜗牛的触角、眼睛，因为是用细的黑色勾线笔，所以要画的部分比例不能过大，以免画面比例失调，看起来不舒服。

④最后给画面设置背景。教师要鼓励幼儿画出有创意的造型，尽量避免模式化，打开思路，启发幼儿的想象力，设定各种环境，帮助幼儿创造生动有趣的画面。（启发不

同能力水平的幼儿根据自己的想象添画。）

5. 幼儿操作，教师巡回指导

（1）鼓励幼儿在画纸上根据自己的喜好选择相应的花纹和颜色作画。

（2）在幼儿作画的过程中，教师巡回观察，观察幼儿是否能设计简单的线条、纹样装饰蜗牛，是否表现出蜗牛的形态特征，并体现出一定的美感，适时给予幼儿必要的建议和指导。

（3）引导幼儿将作品布置在展台，并说一说自己装饰了什么样的花纹，是怎样装饰的，这些花纹是怎样排列的，鼓励他们相互欣赏、交流，获得成功的体验。

活动延伸

1. 艺术活动：泥工——《可爱的蜗牛》。
2. 语言活动：故事——《蜗牛旅行记》。
3. 区域活动：在美工区提供橡皮泥或黏土，引导幼儿采用泥塑的方式表现蜗牛。

五、蝴蝶飞呀飞

设计意图

幼儿喜欢蝴蝶，因为蝴蝶身上有各种各样美丽的色彩和漂亮的花纹，它总是与鲜艳的花相伴，构成一道美丽的风景线。因此，蝴蝶常常被作为幼儿园的美术表现内容。教师应当注意挖掘蝴蝶美感的教育元素，有针对性地设计关于蝴蝶的不同表现手法的美术活动。在本次活动中，教师要紧紧围绕装饰蝴蝶的主题，引导幼儿通过观看课件和观察图片，发现蝴蝶翅膀的对称美和蝴蝶飞舞的动态美，学习运用折印的方法来表现蝴蝶的对称美，并通过音乐游戏使幼儿在身临其境的场景中自然地感受美、欣赏美。

活动目标

(1)了解蝴蝶翅膀的花纹是对称的，并感知对称的美感。

(2)学习运用折印的方法表现蝴蝶对称的美。

(3)选择自己喜欢的颜色进行创作，体验绘画活动的快乐。

活动准备

(1)物质材料：蝴蝶的图片若干；春天蝴蝶在花草丛中飞舞的课件 1 个；少儿歌曲《蝴蝶》的音频资料；播放设备；蝴蝶形的绘画纸、水粉颜料、棉签等美工材料(每个幼儿 1 套)；双面胶若干(每个幼儿 1 小张)。

(2)知识经验准备：幼儿认识蝴蝶，对蝴蝶的形态和色彩比较熟悉。

活动过程

1. 欣赏蝴蝶优美的舞姿

(1)教师播放春天蝴蝶在花草丛中飞舞的课件，让幼儿充分感受春天的美丽。如：绿色的小草、美丽的花朵，燕子和小青蛙……以及在空中飞舞的蝴蝶。

(2)教师与幼儿谈话：你喜欢蝴蝶吗？为什么？(幼儿自由讲述。)大家都喜欢蝴蝶，因为蝴蝶有两对美丽的翅膀，还有它在空中飞舞的姿态太美了！

2. 观察蝴蝶美丽的翅膀

(1)教师轻声播放幼儿歌曲《蝴蝶》，请幼儿在音乐声中观看蝴蝶的图片。

(2)教师引导幼儿观察不同的蝴蝶，使幼儿感知到蝴蝶美在它的翅膀上，了解蝴蝶有两对翅膀，翅膀上有许多种颜色，还有许多花纹，花纹是对称的，从而感受翅膀花纹的对称性和色彩的丰富，获得审美体验。

(图片摘自：http://www.taopic.com/vector/201403/498043.html
http://www.cqxsbxw.com/forum.php? mod=viewthread&tid=101746
http://www.taopic.com/tuku/201403/511827.html)

3. 讨论装饰蝴蝶的构想

幼儿在观察和欣赏的基础上，已经获得了蝴蝶的相关知识及经验。教师再引导幼儿相互交流和讨论，启发幼儿大胆表达自己的想法，说出自己想装饰一只什么样的蝴蝶、装饰什么花纹、怎样装饰，形成初步的装饰蝴蝶的方案。

4. 学习折印蝴蝶的方法

(1)在幼儿交流和讨论的基础上，教师引入活动主题：许多小朋友已经想出了很多装饰蝴蝶的方法，老师听了非常高兴。(出示对折印画蝴蝶图。)小朋友，你们看老师把蝴蝶装饰得美丽吗？漂亮吗？想不想知道老师是用的什么方法？现在就请小朋友们一起来看一看老师是怎样装饰的。

(2)教师示范讲解：首先拿一张蝴蝶形状的绘画纸，对折找出中线，然后打开摊在废报纸上，用棉签蘸自己喜欢的各种水粉颜色，以点线为主并且搭配一些简单的几何图形点画在蝴蝶折后的一边，然后折向另外一边压上去，然后再打开来，一幅漂亮对称的蝴蝶画就这样诞生了。小朋友们采用这样的方法一定可以装饰出很多漂亮的蝴蝶来，也一定可以把我们的教室变成美丽的蝴蝶园。

5. 动手折印漂亮的蝴蝶

(1)教师给幼儿分发折印蝴蝶的材料(蝴蝶形状的绘画纸、棉签、水粉颜料等)，幼儿根据教师的讲解和示范进行操作。

(2)在幼儿操作的过程中，教师巡回观察，引导幼儿互相交流操作方法，鼓励幼儿按照自己的想法进行装饰，画出自己喜欢的蝴蝶对称的花纹和颜色；当幼儿遇到印制困难时，教师及时给予指导和帮助。

6. 进行蝴蝶飞舞的游戏

(1)教师请幼儿在装饰好的蝴蝶中线的背后贴上双面胶，然后张贴在手背上。

(2)教师播放幼儿歌曲《蝴蝶》，请幼儿一边跟唱歌曲，一边手载蝴蝶做飞起来、停下来、飞飞停停的蝴蝶飞舞状。体验“蝴蝶飞舞在花丛中”所带来的美感以及游戏的快乐。

活动延伸

(1)艺术活动：用油画棒装饰蝴蝶，对比观察用涂色和折印的方法，在装饰效果上有什么不同。

(2)艺术活动：引导幼儿运用折印的方法装饰其他具有对称特点的昆虫，如七星瓢虫、天牛等，增进幼儿对装饰活动的兴趣。

六、五彩路

设计意图

撕纸活动是利用双手手指的运动来撕出所需形象，撕出的纸轮廓线蓬松柔软，毛茸茸的，具有自然稚拙的美感。撕纸活动还能训练幼儿手眼之间的协调能力，从而促进其脑功能的健全与成熟。在本次活动中，教师要引导幼儿利用彩纸撕出小纸片在画纸上拼贴花纹，构成彩色的路面，在培养幼儿发现美和创造美的能力的同时，锻炼他们手指控制精细动作的能力。

活动目标

(1)训练幼儿手眼之间的协调能力和手指控制精细动作的能力。

(2)帮助幼儿发挥想象，尝试运用撕、贴的方法表现“五彩路”。

(3)让幼儿感受撕纸拼贴构图产生的美感，获得想象创作成功的体验。

活动准备

(1)物质材料：《路》(乡村的蜿蜒小路、大山里盘旋的山路、公园里弯曲的林荫道、城市的大马路等图片)的课件1个；播放设备1台；放大图稿一张；印有路的画纸若干(每个幼儿各1张)；各色彩纸若干(每个幼儿各1份)；固体胶棒若干(每个幼儿1支)。

(2)知识经验准备：幼儿已有撕纸的经验。

活动过程

1. 观看课件，引发活动兴趣

(1)教师播放《路》的课件，请幼儿观赏乡村蜿蜒的小路、大山里盘旋的山路、公园里弯曲的林荫道、城市的大马路。

(2)教师提问：小朋友，你喜欢什么样的路呢？为什么？(幼儿自由讲述。)

(3)教师导入讲述：小朋友各有自己喜欢的路，因为不同的路有不同的特点。今天我们来试着装饰一条自己喜欢的五彩路吧。

2. 观察画页，了解活动内容

(1)教师请幼儿观察印有路的画纸，提问：画面上有些什么？(幼儿根据观察讲述。)

在幼儿讲述的基础上，教师归纳：画面上有一条大道，大道的一旁是农民新建的一排排小楼房，楼房旁边的桃树都开满了花，楼房背后的远处是连绵的青山；大道的另一旁是一片菜地，有黄色的油菜，有绿色的白菜。

(2)教师引导讲述：整个画面大部分都有漂亮的色彩，可是有一个地方与画面不协调。你们看出来了吗？(大道上没有颜色。)老师想请小朋友把各种颜色的彩纸撕成小片，用胶棒张贴在这条大道上，把它装饰成一条五彩路。

3. 示范操作，讲解作画方法

(1)教师出示一张放大的画面，用胶带粘贴在黑板上，示范讲解用撕彩纸粘贴装饰五彩路的方法：

①取几张自己喜欢的不同颜色的彩纸，撕成一块块小片。

②在画面上的大道上用固体胶棒涂上胶。

③将彩色小纸片一张张拼贴在画面上的大道上。

(2)教师强调注意事项：撕下的彩纸不能太碎太小，否则不便于拼贴；大小不能悬殊过大，否则贴出来不美；拼贴时颜色要跳跃搭配，交叉拼贴出五彩路。

4. 动手作画，自由表达个性

(1)教师将印有路的画纸、彩纸和固体胶棒分发给幼儿，请幼儿在印有路的画纸上操作。

(2)在幼儿操作的过程中，教师巡回观察，鼓励幼儿把彩纸撕成自己喜欢的形状进行拼贴，还可以在大道上适当的地方撕一种物体形状或动物形状粘贴上去，周围用合适的彩纸小片补上露白。

(3)教师对操作有困难的幼儿采用个别帮助的策略支持他们完成自己的创作活动。

5. 交流欣赏，评选优秀作品

(1)教师请幼儿在组内互相交流欣赏作品，说说自己的作品什么地方装饰得最满意。

(2)教师请各组幼儿评选出一幅优秀作品贴到班上展示，教师引导幼儿从色彩搭配、图案的组合是否协调的角度进行讲评，并给幼儿予以激励性的评价。

活动延伸

(1)艺术活动：鼓励幼儿选择不同颜色的彩纸撕成各种水果的形状(如苹果、梨、桃、香蕉等)贴在一次性纸盘里，发展幼儿想象力和撕纸能力。

(2)区域活动：撕纸装饰区角活动。

(3)家园互动：亲子互动——《综合材料画展》。

七、我会做糕点

设计意图

各种糕点是幼儿喜欢的食物，他们在品尝糕点的同时，往往对不同糕点的造型和装饰颇感兴趣，表现出初步的美学欣赏意识。教师要通过讲故事，引发幼儿参与造型、装饰活动的兴趣。教师引导幼儿在观察活动中，了解到常见糕点的不同造型和装饰的特点，激发幼儿创作的欲望，发挥想象，用橡皮泥进行“糕点”的造型和装饰，从中获得创造的快乐。

活动目标

(1)帮助幼儿了解日常生活中几种常见糕点的造型和装饰。

(2)帮助幼儿根据想象进行糕点的造型和装饰，锻炼动手操作的能力。

(3)帮助幼儿感受美工操作的愉悦，体验创造的快乐。

活动准备

(1)物质材料：有关糕点制作的影像视频 1 个；播放设备 1 台；糕点的实物或图片若干；橡皮泥若干(每个幼儿 1 盒)；展示作品的大盘子若干(每组 2 个)。

(2)知识经验准备：幼儿有过生日分吃蛋糕的经历。

(3)环境准备：美食区角。

活动过程

1. 讲故事《最好吃的蛋糕》

(1)教师讲述故事《最好吃的蛋糕》，请幼儿欣赏，并结合故事引发幼儿自己动手制作“糕点”的兴趣。

(2)教师讲述：刚才老师接到一个电话，说动物园里的小动物玩累了，肚子饿了，想请我们小朋友做他们的小厨师，为这些可爱的动物们做些好吃的糕点，我们一起行动吧。

2. 观察活动

(1)教师播放面包房里的师傅制作糕点的影像视频，引导幼儿观察糕点，了解常见糕点的外形特征及装饰特点。

(2)教师引导幼儿观察事前准备好的糕点实物或图片，鼓励幼儿说出自己心目中认为最漂亮、最想做的糕点是什么；这种糕点是什么形状、什么颜色的，上面有哪些好看的花纹，是用什么材料制作的。通过观察，幼儿了解到糕点有圆形、方形、长方形、三角形等形状；有些糕点还有花纹和美丽的图案，如文字、字母、动物图样、波浪线、小圆圈，等等。

(3)鼓励幼儿大胆表述，说说自己想做什么形状的糕点，如方形、长方形及圆形的饼干，圆形、椭圆形的面包，等等。

3. 教师示范

(1)教师讲述：平时我们吃的糕点都是用面粉或米粉制作的，今天我们用橡皮泥作替代材料，来练习制作各种糕点的造型。

(2)教师根据幼儿的表述，进行有选择的示范：先取一块橙色的橡皮泥团成团，然后利用工具把泥团压成薄片，再切成圆形、方形、长方形等形状，最后用铅笔或牙签刻上花纹，各种花纹的饼干就制作好了。

4. 制作活动

(1)幼儿可根据教师示范进行制作，也可根据自己的喜好来完成自己的作品。如：糕点的颜色可以灵活搭配，形状可以是不规则的，纹样也可以是多样的。

(2)在幼儿制作过程中，教师巡回观察，在幼儿用橡皮泥完成“糕点”造型后，指导幼儿用铅笔或牙签刻上、压出或粘上自己喜欢的花纹。

5. 欣赏活动

(1)教师请做完的幼儿把自己的作品放到展示盘上。指派几个幼儿上台找出自己的作品，当着全班幼儿的面说一说自己做的是什么糕点，并介绍自己装饰糕点的方法。

(2)请幼儿欣赏同伴的作品，指派几个幼儿说一说喜欢哪块“糕点”的造型，喜欢哪块“糕点”上的花纹。

(3)教师用鼓励和引导的语言评价幼儿的作品，并以动物园小动物的语气谢谢小朋友为它们制作的糕点，使幼儿体验美工活动的乐趣。

活动延伸

(1)区域活动：引导幼儿将装饰好的“糕点”按形状、颜色进行分类装盘，巩固幼儿对形状、颜色的感知。

(2)语言活动：故事创编——《节日美食》。

(3)家园互动：亲子活动——《制作面点》。

八、黑与白

设计意图

黑与白搭配的物体在生活中随处可见，黑白搭配可以给我们的视觉带来新奇的感受。教师要在本次活动中给幼儿提供一个感受黑白以及表现黑白魅力的交流平台，为幼儿营造更大的想象空间和创造空间，在认知和表现黑与白的活动过程中，引导幼儿提高认知意识和实践意识，让他们的作品中既有个人意趣，又有作品艺术思维上的独创性，从而获得创作欲望的满足及其产生的乐趣。

活动目标

(1)让幼儿感受到黑白对比的强烈，体验黑白相间显出的装饰美。

(2)让幼儿初步学会运用毛笔绘画的方法，看他们能否用黑白相间的图案装饰动物的毛色特征。

(3)帮助幼儿获得创作欲望的满足，并体验参与美工活动的乐趣。

活动准备

(1)物质材料：黑白相间图案范例 4 张(见“附”)；斑马、斑点狗、熊猫、企鹅、燕子、奶牛等轮廓图纸若干(各为幼儿人数的 1/6)；墨水若干(每个小组 2 瓶)；毛笔若干(每个幼儿 1 支)；8 开白纸若干(每个幼儿各 1 张)等。

(2)知识经验准备：幼儿认识黑色与白色，熟识常见的黑白相间图案的物品和动物。

活动过程

1. 观看黑白相间图案范例(见“附”)

(1)教师请幼儿观察图片，与幼儿交谈：

①画面各图画了些什么东西？(足球、钢琴键盘、人的眼睛和国际象棋棋盘。)

②这些东西的图形有什么相同？又有什么不同？(幼儿根据自己的观察和理解自由

讲述。)

(2)在幼儿讲述的基础上，教师归纳：上面这些图形，无论是足球、钢琴键盘、人的眼睛，还是国际象棋棋盘，它们相同之处都是黑色与白色的搭配图，不同之处是黑色与白色的花纹比例分配不相同。这些图形看起来也都非常好看，黑白相互交叉在一起，才形成了它们独有的特征。黑色与白色组合成简洁的图案，形成强烈的反差，显得格外醒目，非常美观。

(3)教师提问：除了我们刚才所看到的黑白图形外，还有哪些东西是黑色和白色搭配的呢？(幼儿根据已有经验讲述。)

(4)在幼儿讲述的基础上，教师补充讲述：刚才小朋友们说到的一些小动物身上的花纹也都有黑色和白色的装饰特征，我们一会也来用各种形状的黑白花纹把小动物表现出来吧！

2. 了解黑白相间图案的类型

(1)教师再次出示图案范例，引导幼儿观察感知：黑白条纹、黑白散点、黑白板块，都让人感到视觉很强烈很刺激，这也是一种美。

(2)教师请幼儿继续观察，启发幼儿联想并说出与这些黑白花纹相匹配的一些动物，感受动物毛皮花纹的视觉美，激发他们喜爱动物的情感。

(3)教师结合图例讲解：斑马身上是黑白条纹构成的图案；斑点狗身上是黑白散点构成的图案；熊猫、企鹅、燕子等身上是黑白板块构成的图案；而奶牛身上有的是黑白散点构成的图案，有的是黑白板块构成的图案。它们身上这些黑白斑纹，由于形状、大小、分布的不同，形成了不同的图案。我们也来用各种形状的黑白花纹把小动物表现出来吧！

3. 学习作画方法

(1)教师示范讲解不同黑白图案的画法(幼儿可以在白纸上跟着画)。

①黑白条纹：用毛笔蘸取适量墨水，在纸上落下笔头，然后回锋按下笔头，并保持一定的力度斜着画出大致平行的条纹。运笔不要过于平直，每根条纹的宽窄不要太趋一致，几根条纹之间的平行度不要过于死板，要显得自然和谐。

②黑白散点：用毛笔蘸取适量墨水，在纸上落下笔头，然后回锋按下笔头，画出黑点。每次下笔的时候可以轻重不一，以使黑点大小不一、错落有致。

③黑白板块：先用铅笔勾勒出黑色的区域，然后用毛笔蘸取适量墨水，在铅笔区域内进行涂抹，以使黑白界限明显、反差突出。

(2)教师提示幼儿蘸取墨水不要过多，如果蘸取墨水过于饱满，可以将笔头在墨水盛器的边缘刮一两下，以挤出多余的墨水。

4. 动手尝试作画

(1)教师出示斑马、斑点狗、熊猫、企鹅、燕子以及奶牛等不同的轮廓图，请幼儿自由选取绘画对象，并分发绘画工具和材料(毛笔和墨水)。

(2)幼儿在轮廓图上尝试作画，教师巡回观察，并对能力较弱的幼儿给予必要的指导。

（3）教师提示幼儿在操作的时候不要性急、慌乱，不要将身上的衣服搞脏，不要污染画面。

5. 共同欣赏作品

教师和幼儿一起将作品张贴在展板上展出，并请幼儿共同欣赏，体验创造的快乐。

活动延伸

（1）区域活动：美工区《拼图——黑与白》。

（2）艺术活动：鼓励幼儿用撕纸的方法，撕出黑色的圆形、方形、条形以及其他不规则的形状，在白纸上随意排列，进一步感受黑色和白色的对比变化。

附：

黑白图案范例

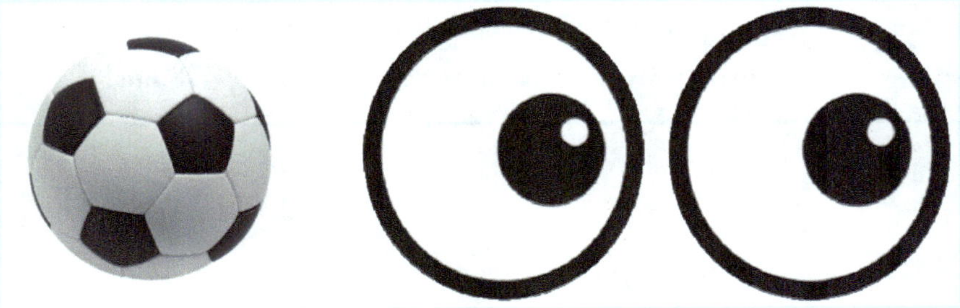

钢琴键盘

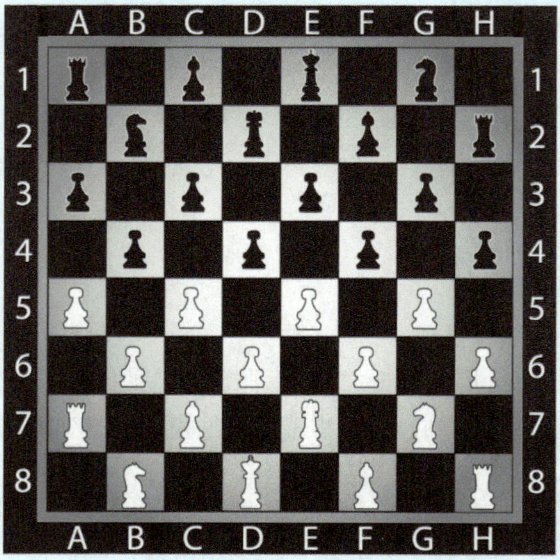

国际象棋

(图片摘自：http://www.taopic.com/tuku/201405/544425.html
http://www.58pic.com/sucai/15411065.html
http://www.58pic.com/shiliangtu/13576743.html
http://www.taopic.com/vector/201406/559478.html)

九、可爱的小花蛇

设计意图

本次美工活动是通过一位小朋友带来的仿真蛇玩具而引发出来的。本来真实的蛇有些令人感到恐怖，但是不论是玩具蛇还是卡通蛇却使人感到有趣、可爱。这是为什么呢？教师引导幼儿对比观察真实蛇的图片和卡通蛇的画面，加上讲述《小花蛇架“桥”》的故事的铺垫，让幼儿感觉到小花蛇的可亲可爱，同时也了解到有趣、可爱的小花蛇的形象要运用变形和夸张的手法表现出来。这样，让幼儿尝试用色彩鲜艳的橡皮泥玩玩、做做，捏塑出自己喜欢的小花蛇，表达自己的感受。

活动目标

(1)知道运用变形、夸张的手法可以表现出小花蛇有趣、可爱的形象。

(2)学习用压、团、搓等基本泥塑技能捏塑出自己喜爱的小花蛇。

(3)锻炼手指、手腕肌肉的控制能力，体验参与泥塑美工活动的乐趣。

活动准备

(1)物质材料：不同花蛇的图片若干、卡通蛇的图片若干、各种彩色橡皮泥若干(每个幼儿1套)、小花蛇架“桥”(故事)等。

(2)知识经验准备：幼儿认识蛇的形象，有玩橡皮泥的经验。

活动过程

1. 故事导入，激发幼儿兴趣

(1)教师讲述《小花蛇架“桥”》的故事，请幼儿欣赏。

(2)教师结合故事提问：小朋友，你喜欢小花蛇吗？为什么？(幼儿根据故事内容和自己的理解讲述。)

(3)教师导入讲述：小花蛇热心帮助小蜗牛真是可爱。今天我们就以“可爱的小花蛇”为主题进行活动。

2. 观看图片，欣赏几种不同的蛇

(1)教师请幼儿观看几种不同花蛇的图片。

(2)教师提问：你见到过这些蛇吗？你能描述它们的样子吗？它们有什么共同的特征？(幼儿根据观察讲述。)

在幼儿讲述的基础上，教师归纳：这些蛇的形状大致相近，都是三角形的头，圆而细长的身体，尖尖的尾巴，还有很多漂亮的颜色组合成的美丽的花纹。

(图片摘自：http://itbbs.pconline.com.cn/52399483.html)

(图片摘自：http://www.pmume.com/m/blqy.shtml)

(3)教师继续提问：谁能说一说你看到这些蛇的图片后的感受？(幼儿自由讲述。)

在幼儿讲述的基础上，教师讲解：在现实生活中，真实的蛇虽然颜色、花纹都好看，但是我们看到它们时，往往还是会觉得有些恐怖。然而，经过人们美化、加工了的卡通蛇给你感觉可能就完全不一样了。

(4)教师请幼儿继续观看卡通蛇的图片，引导幼儿观察、比较真实蛇与卡通蛇的不同，感受这些卡通蛇形象变形、夸张、雅致、有趣、可爱的特点。

（图片摘自：http://www.nipic.com/show/3/9/8239260k79d25f95.html
http://www.yiqibazi.com/jiemeng/13235.html）

3. 学习捏塑，制作小花蛇

（1）教师导入讲述：今天我们学习卡通画变形、夸张的手法，用橡皮泥捏塑出可爱的小花蛇。

（2）教师将各色橡皮泥分发给幼儿后，示范讲解小花蛇的捏塑方法：

①取两三种彩色橡皮泥合在一起，置于手中把它团成团，团好后放在桌面上慢慢地搓成花色圆条。

②将花色圆条的一端继续搓细、搓尖，做成小花蛇尾。

③将花色圆条的另一端稍微压扁一点，捏塑成蛇头，并且刻出蛇的嘴巴和眼睛。

④将小花蛇的身子扭排成你喜欢的形态，一条漂亮的卡通泥塑小花蛇捏塑成功了。

（3）幼儿根据教师的示范讲解动手操作，教师巡回观察，提示幼儿开始时每种彩泥不要取得过多，以免浪费。

（4）教师引导幼儿互相交流操作方法，鼓励幼儿按照自己的想法进行制作。同时对个别有困难的幼儿给予指导和帮助。

4. 展示作品，体验成功的快乐

（1）教师请幼儿把自己的作品放在展台上，大家共同欣赏，教师给予激励性的评价，让幼儿体验捏塑成功的快乐。

（2）教师引导幼儿在每组作品中各评选出一件自己最喜欢的作品，并给予奖励。

活动延伸

（1）区域活动：美工区（鼓励幼儿用彩色橡皮泥捏塑其他小动物的形象）。

（2）艺术活动：花纹设计——《可爱的小花蛇》。

（3）艺术活动：纸工——《可爱的小花蛇》。

（4）语言活动：故事续编——《我和小动物做朋友》。

中班(上)

一、雨中开的花

设计意图

伞在我们日常生活中是常见的，是每个家庭必备的生活用品，所以孩子们很熟悉。每当下雨的时候，街上到处都是各式各样的伞，伞的样式及伞面上的装饰图案风格也越来越多，这给雨天增添了许多情趣，孩子们在雨中打伞也能体会到独特的乐趣。教师要引导孩子欣赏伞的结构、独特的外形以及伞上装饰的各种图案，鼓励孩子们充分发挥自己的想象力，大胆按照自己的喜好去设计和装饰伞面，去体验自己设计的愉悦情感。《指南》中指出“能用多种工具、材料或不同的表现手法表达自己的感受和想法。”本活动中投放了许多生活中熟悉的、不同图案的伞，激发了幼儿的创作兴趣来设计与众不同的伞面。同时，借用儿歌、故事开展创作活动，使美术活动趣味化，让孩子们在轻松、愉快中大胆创作。

活动目标

(1)让幼儿能结合生活经验，描述伞的用途。

(2)帮助幼儿初步了解伞的结构和特点。

(3)帮助幼儿了解伞有许多不同的样式、颜色及图案。

(4)让幼儿能大胆地运用线条和图形对伞进行添画和设计。

活动准备

(1)物质材料：不同形状、不同颜色、不同花纹的伞若干；不同图案装饰的伞的图片若干；水彩笔若干；油画棒若干；每人一张画有伞面外形的作业纸；伞花花（儿歌）；伞的传说（故事）。

(2)知识经验准备：有运用线条进行添画的经验。

(3)环境准备：不同花纹的伞若干，不同图案装饰的伞的图片若干。

活动过程

1. 什么是雨中开的花

(1)教师提问：小朋友们，你们知道什么花在雨里开吗？是雪花还是水花？到底什么花一下雨就开？大家跟老师一起念一首儿歌就知道了。

(2)教师带领幼儿一起念儿歌《伞花花》：

小乖乖，你猜猜，
什么花，雨里开？
小乖乖，看窗外，
伞花花，雨里开。

(3)教师讲述：现在小朋友们知道什么花在雨里开了吧。对，是伞花花，漂亮的伞在雨里像花一样开放，太美了。

2. 了解生活中的伞

(1)教师讲述：平时我们什么时候用伞？伞有哪些作用？(鼓励幼儿大胆表述。)

在幼儿交流讨论的基础上，教师和幼儿一起归纳伞在生活中的作用：挡雨、挡雪、遮风、遮太阳……

(图片摘自：http://www.tooopen.com/view/111583.html)

(2)教师讲故事：伞的传说(见活动资源)。

(3)了解伞的一般结构特点。

①教师出示伞，引导幼儿观察伞的各部位名称，了解其作用：

伞的构造大体是伞柄、伞骨、伞面三部分。伞柄是伞的主心骨，支撑着整个伞，主要是用木头、竹子、金属等材料制成；伞骨是支撑整个伞面的，它能折叠，能撑开，便于携带；伞面是伞中最重要的部分，担负着遮雨的责任，制作材料有塑料布、油布、绸布以及经久耐用的尼龙布等。

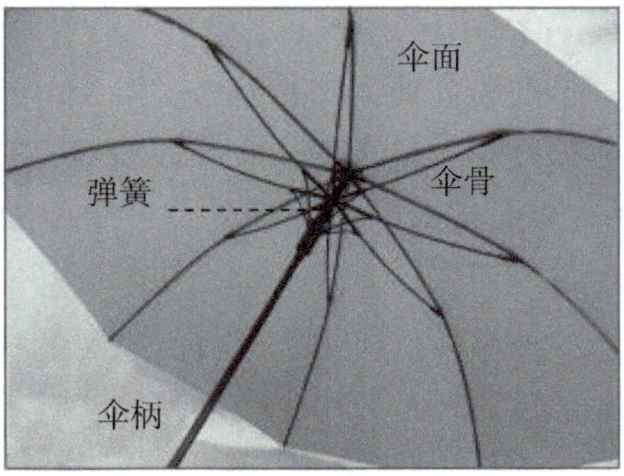

②教师示范开关伞的方法，提示幼儿开伞的时候一定要注意用伞的安全。

(4)观察、比较不同的伞。

①比较认识不同样式的伞。

教师出示几种不同样式的伞，让幼儿说出它们有什么不同。

教师引导幼儿从以下几个方面进行比较：伞面的形状、伞的大小、伞柄的形状、伞骨的结构以及数量、颜色、装饰图案。

②比较认识不同类型的伞：

a. 儿童伞、成人伞。

b. 直骨伞、折叠伞。

c. 遮阳伞、普通伞。

d. 广告伞、装饰伞。

3. 创意装饰出漂亮的伞

(1)教师出示各种漂亮伞的图片，引导幼儿观察并分析伞面上装饰的图案的特点：

①有的只用了一种颜色，有的用了多种色彩。

②有的只是一种图案，有的是人或事物的形象。

③有的从中心向外延伸画图案，有的零散地点画图案，有的集中一处画出一幅画。

(2)鼓励幼儿在已经画有伞面外形的作业纸上设计伞面的图案，在伞面上大胆进行个性化的创意添画。

教师给幼儿提供水彩笔、油画棒；幼儿选择自己想要的材料在伞面上设计出自己喜欢的图案。如：点线面、几何形、卡通人物、装饰植物，等等。

教师指导：

重点：引导幼儿用不同的点线面、几何形来进行设计，水彩笔、油画棒使用方法；难点：引导幼儿有规律地组织图案。

4. 欣赏漂亮的伞

教师和幼儿一起欣赏幼儿的作品，幼儿介绍自己的作品，幼儿评价同伴的作品。

小结：今天大家都是了不起的设计师，设计出了这么多自己喜欢的、独特的、漂亮的花伞，太棒了！

活动延伸

(1)艺术活动：引导幼儿运用多种手段和材料来装饰伞。如，粘贴、拓印、吹画等。

(2)艺术活动：手工伞(剪纸伞、折纸伞等)。

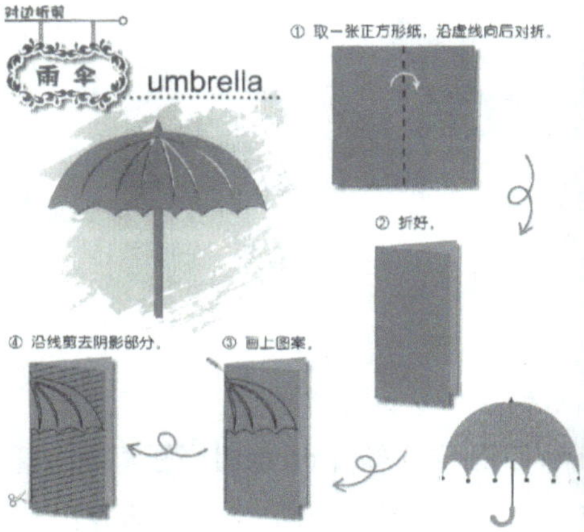

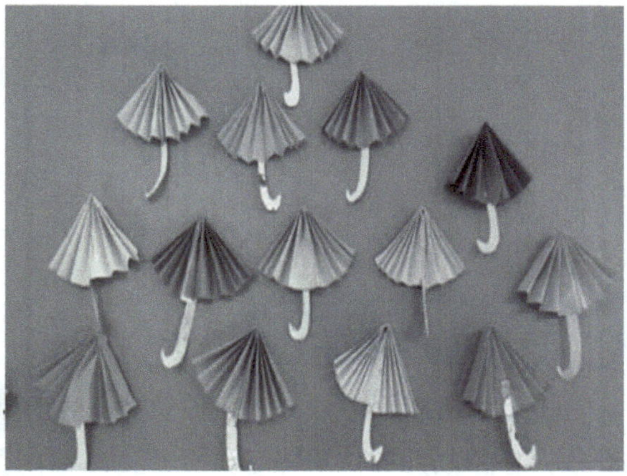

(图片摘自：http://show.122311.com/read/YzRmNTFiY2blhL,nq6Xpm6jkvJ7lm77nlLsBMQE1NTABNTAwAXNob3Vnb25nLjYxZi5jb20vcGljLzIwMTMwNDExMTcyMDUyMTM3OS5qcGcB5bm85YS,5omL5bel5Ymq57q45Zu+5qGIIOmbqOS8niA=/
http://www.wlqz.cn/shownews.asp? id=24946)

(3)区域活动：科学区——《伞的秘密》、语言区——《神奇的伞》。

(4)语言活动：故事续编——《伞的传说》。

(5)家园互动：亲子绘伞活动——《我的小小伞》。

(图片摘自：http://vip.520wawa.com/schoolxp/frame8/level3.jsp?columnId=551&infoId=5622483&level3Kind=info　　http://yc.cnhubei.com/html/jujiao/20130526-23230.html)

二、变鱼

设计意图

鱼是幼儿在生活中常见的一种动物，对于鱼的外形特征幼儿已经相当了解和熟悉。本活动从中班幼儿的认知特点和绘画发展水平出发，以幼儿发展为本，充分体现以幼儿为主体，发挥幼儿的想象力、创造力，充分调动幼儿的绘画热情和兴趣，变“被动”为“主动”。通过创设“小鱼不见了”的问题情境勾起幼儿强烈的好奇，激发幼儿探索及创作的欲望。并尝试运用多种绘画材料、工具及载体，通过用蜡笔和水粉间的常用又独特的组合方式进行美术创作，引导幼儿自主创造，表达自己的意图及对美术作品的感受，让幼儿尽情地表现，画出自己喜欢的、富有创造性和个性的鱼，从而培养幼儿的审美情趣。在教学方法上利用直观教学和幼儿操作法相结合。

活动目标

(1)让幼儿对使用多种材料作画感兴趣，并尝试用蜡笔和水粉笔组合进行美术创作。

(2)让幼儿在感知材料特征的基础上，学习多种材料作画的基本方法，体验“变鱼”过程带来的快乐。

(3)帮助幼儿培养良好的作画习惯。

活动准备

(1)物质材料：收录机1台；律动音乐磁带1盘；1张全开的画有海底水草的背景图(已用浅色的蜡笔画了几条不明显的、淡淡的、不同形状的漂亮小海鱼在水草中)；幼儿每人1张白作业纸；蜡笔、宽水粉笔(或底纹笔)、蓝色水粉颜料、大调色盘等画具若干。

(2)知识经验准备：认识常见的绘画材料，有水粉颜料作画的经验。

(3)环境准备：地上和墙上适当装饰一些海草和蓝色的水纹。

活动过程

1. 海底世界在哪里

(1)跟着音乐律动进场。

教师带领幼儿说：今天让我们坐上潜水艇去海底探险吧！来，准备好了吗？出发吧！

幼儿跟着老师听音乐做相应的动作进场，坐成半圆形。

(2)教师在幼儿面前展示全开背景图，引发幼儿兴趣。

教师讲述：海底到了，咦，海底的鱼都去哪儿了？(出示水粉笔)这是一支魔术笔，它一定知道鱼躲在哪里。(假装与水粉笔“交谈”。)魔术笔告诉我，蘸上颜料涂在纸上，漂亮的鱼就出来了。

教师将画有海底水草的背景图铺在地上，用宽宽的水粉笔蘸了事先调好的蓝色水粉颜料在纸上画了一笔，咦，真的出现了一条漂亮的鱼，这引起了幼儿作画的欲望。

2. 海底世界在我们的笔下

(1)邀请幼儿一起涂色。

教师对幼儿说：真神奇！魔术笔问我谁愿意帮它把大海画出来。

指派一两个幼儿上前来和教师一起涂颜料：教师在大的调色盘中调好了一些蓝色颜料，两位幼儿也学着教师一起调起自己喜欢的海底颜色(教师提示调颜料时适当多调一点水，但不能加太多，不然涂色时会流下来)，然后一起在大背景图上用宽水粉笔(或底纹笔)涂起来。

教师借着幼儿的疑惑和激动，趁机说：哇，魔术笔太神奇了，漂亮的鱼儿真的跑出来了……好玩吗？你们想不想变这样的魔术呢？让我们一起来学学怎样变出美丽的鱼吧。

(2)教师讲述“变鱼”的步骤和要求：

①先要用淡色的蜡笔在水草附近画出几条自己喜欢的鱼。

②画好鱼后，在大调色盘中调好自己喜欢的海底颜色，再用宽水粉笔蘸上颜料涂在纸上就可以了。

提示：在调色时水粉笔的水分不要太多，不然涂色时颜料会流下来。保持桌面和衣服等的干净，手脏了要用毛巾及时擦干净。

3. 大家一起来变鱼

幼儿按步骤在纸上尝试操作“变鱼”。教师巡回指导，适当帮助动手能力较差的小朋友。辅导过程中多鼓励幼儿自由设计海底画面，并大胆进行创意设计。如，可添加一些海星、珊瑚、潜水艇等。并在作画过程中指导幼儿用蜡笔画画时应画重一些，笔触也要密集一些，这样变魔术的效果会更好。

4. 欣赏美丽的海底世界

教师将幼儿的作品集中固定在黑板上，和幼儿一起欣赏。教师指出并肯定作品中有特色有创意的鱼和幼儿一起交流，鼓励幼儿大胆发表自己的见解。引导幼儿在作品中找出自己喜欢的鱼，并具体讲述自己为什么喜欢这种鱼。

小结：小朋友们都是大师了，你们的作品画得太漂亮了，今天已经学会了用蜡笔和水粉颜料结合在一起变魔术，非常棒哦！

活动延伸

(1)科学活动：《会发光的鱼》：让幼儿收集一些深海鱼的图片，共同探究有些深海鱼类为什么会发光。

(2)语言活动：故事创编——《新奇的海底世界》。

(3)家园互动：亲子互动——“一起来变鱼”。

三、大螃蟹

设计意图

螃蟹形态可爱，行走方式独特，孩子们对它们非常感兴趣。教师应引导幼儿通过观察，探究螃蟹的外形特征。引导幼儿根据自己的兴趣，选用一个自己喜欢的表现方式，分别进行操作，表现出螃蟹的外部特征，培养幼儿的观察能力和表现能力，体验成就感，增强参与美术活动的兴趣。

活动目标

（1）帮助幼儿培养观察习惯，提高观察能力，能够说出螃蟹的主要特征。

（2）锻炼幼儿的动手能力，尝试运用不同的方法表现螃蟹的主要特征。

（3）让幼儿能运用不同的材料大胆表现自己的想象。

活动准备

（1）物质材料：大螃蟹数只（或者螃蟹爬行的视频）、各种不同的螃蟹图片若干、儿歌《大螃蟹》、油画棒、记号笔、彩笔、各种彩色纸、固体胶棒、水粉颜料、橡皮泥等（每张桌子上放置不同的材料和一大张彩色卡纸）。

（2）知识经验准备：有运用各种材料创作的经验。

（3）环境准备：在黑板上贴上各种不同的螃蟹图片若干。

活动过程

1. 观察螃蟹的特征

（1）教师念儿歌：

大螃蟹（儿歌）

我是一只，大螃蟹呀，
两个大钳，八条腿呀，

眼一眯呀，脚一伸呀，
爬呀爬呀，爬回家啊！

(2)教师拿出装有螃蟹的器皿，引导幼儿观察：螃蟹有一个身体、八条腿、两个大钳子，走起路来横着爬。

(3)请幼儿说一说螃蟹的特征，学一学螃蟹走路的样子。

(4)教师念着儿歌，幼儿一起模仿、表演。

2. 普及关于螃蟹的知识

1. 教师拿出收集的各种不同螃蟹的图片，给幼儿介绍各种各样的螃蟹。

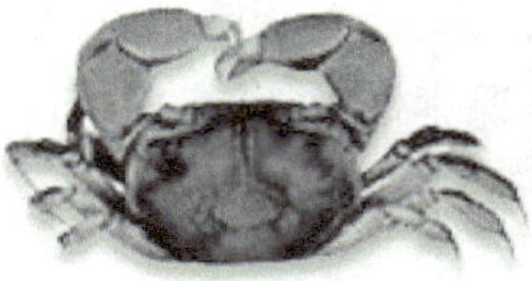
隆背张口蟹

平背蜞

齿突斜纹蟹

柔毛新花瓣蟹

三疣梭子蟹

(图片摘自：http://pangxie.mqq.me/tid-292/)

“这些螃蟹好看吗？它们有什么地方不同呢？”
“你最喜欢哪一种螃蟹呢？为什么？”

(图片摘自：http://niutuku.com/hd/384180.shtml
http://sucai.redocn.com/dongwuzhiwu_2834347.html
http://www.quanjing.com/imginfo/min00456146.html)

(2)教师用通俗的语言给幼儿讲解螃蟹横着走路的原因。

3. 各显神通做出不同的螃蟹

教师：今天我们来一个“八仙过海，各显神通”。请小朋友们用自己喜爱的方式，把螃蟹的主要特征表现出来吧。

(1)教师出示螃蟹的图片：你们看，它们多可爱呀。你们能用不同的工具把可爱的螃蟹表现出来吗？试试看，比一比，哪个小朋友做得最有创意。

(2)幼儿自选分组操作，分别开展不同的美术活动。

(3)教师提示可以使用的方法，巡回进行指导，要求幼儿用已有的经验尽量表现出螃蟹的主要特征，同时注意画面的整洁。

①蜡笔画：指导幼儿用记号笔、油画棒，在彩色作业纸上画出螃蟹的形象。

②粘贴画：指导幼儿用各种不同形状的彩纸做螃蟹身体、长腿和大钳子，用胶棒粘贴在彩色作业纸上。

③橡皮泥捏塑：指导幼儿用各种不同颜色的橡皮泥，捏塑出螃蟹的形象，粘贴在彩色作业纸上。

④拓印画：指导幼儿用泡沫板制作成螃蟹形象的印模，蘸上调好的自己喜欢的颜料，印制在彩色作业纸上。

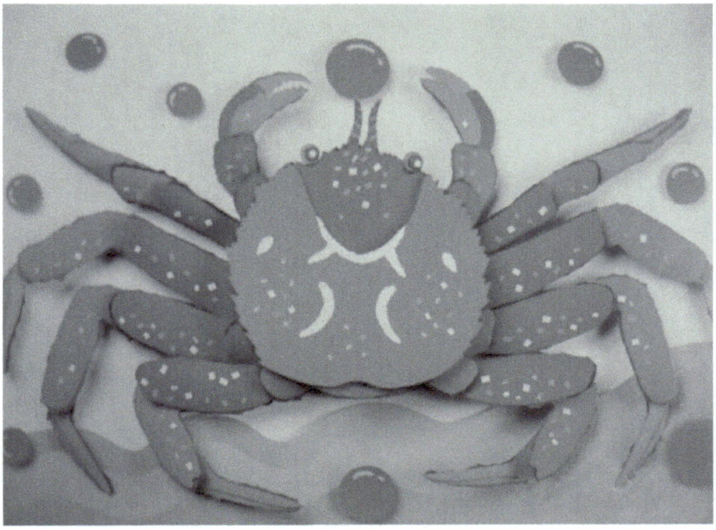

(图片摘自：http://www.diyifanwen.com/jiaoan/qiangmian/1111162132572604227.htm)

4. 欣赏作品

把幼儿的作品都摆在一起展示出来，大家一起来欣赏，幼儿说说自己最喜欢的螃蟹，教师给予幼儿高度的评价，让每位幼儿都有成就感，体验成功的快乐。

教师带领幼儿随着音乐一边念儿歌《大螃蟹》，一边自由舞蹈。

活动延伸

(1)艺术活动：添画活动：收集螃蟹壳，指导幼儿把螃蟹壳固定在纸上，用画笔添画螃蟹的长腿和大钳子。

(2)语言活动：故事创编——《螃蟹的世界》。

(3)体育活动："比比看"：组织一次体育活动，模仿螃蟹行走的方式进行比赛，看谁走得快。

四、水果丰收了

设计意图

水果是孩子们较熟悉、喜爱的食物。当我们专注于它时，会看到水果蕴涵着丰富的教育资源。我们预设“水果丰收了”这一活动，旨在通过纸团粘贴画粘贴水果的活动。幼儿粘贴画不仅能够训练幼儿手和脑的协调能力，而且对培养幼儿的创造能力和创新意识起着重要作用，还可以最大限度地发挥幼儿的发散思维和想象思维的能力，让幼儿在玩中学习美工技能的同时，了解秋天丰收的水果种类，体验丰收的快乐，并积累有关数的经验，提高幼儿参与活动的积极性。

活动目标

(1)帮助幼儿了解秋天是个丰收的季节，感受秋天水果大丰收的喜悦。

(2)帮助幼儿学习纸团粘贴的方法，巩固学过的团球、粘贴等技能。

(3)帮助幼儿体验画面的立体美和操作活动的乐趣，培养幼儿认真、仔细操作的良好习惯。

活动准备

(1)物质材料：多种颜色的皱纹纸、卡纸做好的绿色树叶；白纸、彩笔、胶水若干；秋天的水果图片若干；大幅范画 1 幅；每人 1 张画有树干的作业纸。

(2)知识经验准备：学过的团球、粘贴等技能。

(3)环境准备：秋天的景色，突出几种果树。

活动过程

1. 谈谈秋天

(1)教师与幼儿谈话：秋天到了，秋天是个收获的季节，各种各样的果树都结满了果实，不仅好吃也很好看。请小朋友说说，秋天都有哪些水果呢？你们都吃过一些什么水果呢？看到外面都卖过一些什么水果呢？

(图片摘自：http://blog.sina.com.cn/s/blog_4c9aeb780100m4zp.html
http://news.163.com/13/1110/09/9DADMCAV00014JB6_all.html
http://lady.cnr.cn/children/201309/t20130916_513609952.shtml)

(图片摘自：http://www. ivsky. com/tupian/xinxian _ shuiguo _ beijing _ v9472/pic _ 272120.html)

(2)引导幼儿说出各种水果的名称：如葡萄、苹果、香蕉、橘子、甘蔗、梨、柠檬、橙子、柚子、枣、石榴、秋桃、柿子、橘子、猕猴桃、火龙果、石竹、芦柑、干荔枝、荸荠、龙眼、芒果、菠萝、木瓜、蜜柚、山楂等，并出示相应的图片，让幼儿说说对应水果的形状和颜色。

2. 观察大幅范画，引起幼儿操作的兴趣

(1)教师出示大幅范画：一大棵水果树，引导幼儿观察、感受画面的半立体美，激发幼儿动手制作的欲望。

(2)教师与幼儿交流：小朋友们，这幅画好不好看呢？你们摸一摸这幅画，说说你有什么感觉？(走到幼儿中间，让每个幼儿都能摸一摸，亲自感受一下。)它与其他彩笔画的画有什么不同？(这幅画树上的水果有突起感，其他画的画面是平的。)这幅画是用什么材料做的呢？谁能看出来是怎样做的吗？

(3)引导幼儿仔细观察范画，启发幼儿分析，回忆以前学过的粘贴技法，指出这幅画是用纸团成球粘贴在画面上的。

3. 教师示范、讲解制作方法

(1)教师讲述：我们也来做一棵丰收的水果树吧。我们做的水果树是用纸团成球后粘贴而成的。怎样做呢？做之前，好好想想，哪些水果是球形，可以用纸球做呢？

(2)教师边讲步骤边做些简单的示范：

①将你需要的皱纹纸用力团成一个个小纸球。苹果可以用红色皱纹纸，芒果可以用黄色皱纹纸，梨子可以用黄绿色皱纹纸，山楂可以用紫红色皱纹纸，等等。另外，注意球形的大小要适当，根据你做的水果的大小来定，山楂的球就要小些，芒果的球还可以扁一点。

②再把团好的纸球蘸上胶水，粘贴在画面的树冠上。在粘贴的时候，要注意果实摆放的布局，不要都堆在一块，要适当分散一点，多与少要协调，做到疏密有序、错落有致。

③粘贴一些教师准备好的卡纸树叶点缀在果子的周围。

4. 幼儿操作，教师指导

幼儿在画有树干的作业纸上操作。教师提示幼儿先观察画面上树冠的大小，决定表现什么品种的水果，再揉团纸球的大小。教师可以先请少数幼儿说说自己的设想，准备制作什么水果，说说想做的水果的形状。

教师巡回观察，适时给予指导，注意适当帮助个别“纸球”团不拢的幼儿；鼓励能力强的幼儿，粘贴结束后，可以用彩笔添画其他景物，如蓝天、白云、小鸟等。

5. 互相欣赏作品，并做出简单评价

小结：今天，我们又学了一个新本领，那就是用纸球贴画。大家贴得都很好。现在我们互相看一看，谁的水果树丰收了，果子多、树叶又密。数一数，谁的水果树上的水果最多。将幼儿的作品和大范画一起装饰在教室里或陈列在美术角内，供幼儿互相欣赏，体验成功的乐趣。

活动延伸

(1)社会活动：带幼儿去果园参加摘水果的活动，进一步感受秋天的丰收景象。

(2)语言活动：故事创编——《水果宝宝》。

(3)美食活动：分享水果——“水果大餐”。

(4)艺术活动：其他材料的粘贴画。

五、美丽的鱼

设计意图

好多孩子都去过海洋公园，他们惊叹那里的鱼真是漂亮，五颜六色的，样子千奇百怪，在水里游来游去，它们好快活啊。针对孩子们对鱼的兴趣，教师要启发幼儿大胆想象，用折叠的方式表现鱼。通过观察、示范、看图、折叠、添画、粘贴等过程，指导幼儿综合运用几种方式来制作一幅完整的作品，训练幼儿的观察能力、想象能力和动手能力，体验参与美术活动的快乐。

活动目标

(1)帮助幼儿学习用蜡光纸折鱼，训练看图折纸的技能。

(2)帮助幼儿通过综合美术活动，提高对美的感受力与表现力。

(3)让幼儿乐意参与活动，体验美术活动的快乐。

活动准备

(1)物质材料：儿歌《小海鱼》；大海背景图；海鱼范画1幅；折纸鱼范例1件；折纸鱼步骤图一张；正方形蜡光纸若干(每个幼儿1张)；画笔若干；水粉颜料每组1套；固体胶棒每个小组2支。

(2)知识经验准备：画过鱼，有过折纸、添画、粘贴的经验。

(3)环境准备：墙面贴有海鱼范画若干张，还有大海背景图。

活动过程

1. 学念儿歌

教师带领幼儿学念儿歌《小海鱼》，引发幼儿参与活动的兴趣。

小海鱼(儿歌)

海大大，鱼小小，
鱼在海中到处跑。
鱼儿跑，不用脚，
尾巴轻轻摇呀摇!

(选自 http：//tieba. baidu. com/f? kz=166800903)

2. 对比观察

(1)教师出示海鱼范画，引导幼儿欣赏、观察。

你看到了什么?鱼长的是什么样子?鱼是什么颜色的?(幼儿自由表述。)

水草长的是怎么样子?是什么颜色的?(幼儿自由表述。)

你们看美不美?美在什么地方?

像不像各种各样的鱼在水草里捉迷藏呀?真有趣!

(2)教师出示折纸鱼范例：

咦，怎么这条鱼与画上的鱼不一样呢?你们知道它们是怎么做出来的吗?我们已经学会画鱼了，今天老师教小朋友们一起学习折小鱼，好不好呀?

3. 学习折纸鱼

(1)教师出示折纸鱼步骤图，边示范边讲解折鱼的方法与技巧。

(2)教师指导幼儿按照折纸鱼步骤图一起学习折纸鱼，教师边指导边观察幼儿掌握的每一步的情况，提示折纸每一步的要领。

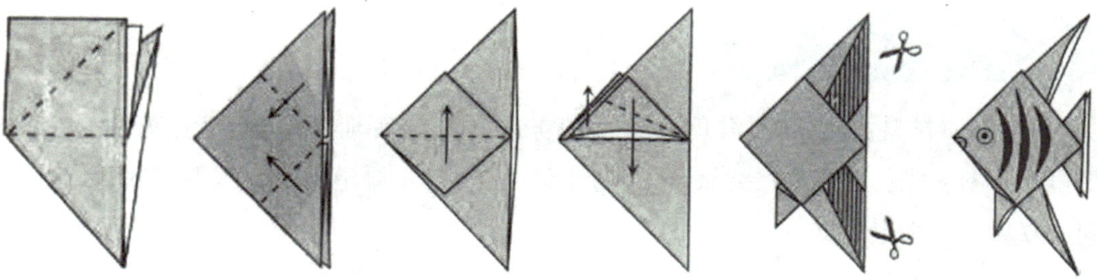

4. 粘贴成画、添画

教师引导幼儿在折好的纸鱼上涂上自己喜欢的颜色或图案，再用固体胶棒将折好并涂完色的纸鱼粘贴到大海背景图上，让它们在水草里玩耍。还可以提示幼儿在图中用笔或颜料再添画几条不同的鱼和不同的水草，让它们一起捉迷藏!

5. 欣赏评价

(1)请幼儿向同伴展示并介绍自己的作品。

(2)教师引导幼儿互相进行简单的评价，共同取长补短。

小结：大家的作品很好地将折纸、添画结合在了一起，每位小朋友的鱼都很漂亮。瞧，大家的作品贴在大海里多么丰富、多么和谐呀！

活动延伸

1. 语言活动：故事创编——《新奇的鱼世界》。
2. 艺术活动：手工活动——“鱼灯笼”。
3. 艺术活动：欣赏观赏鱼。

六、秋天的树叶

设计意图

秋天，让有些树叶褪色了，把有些树叶变黄了，还把有些树叶染红了。秋天把树叶变得多彩了。教师要引导幼儿观察秋天树叶的变化，感受秋天树叶色彩的美丽。鼓励幼儿尝试用不同比例来调和颜色，并用调和的颜色大胆地涂抹出不同的树叶，观察色彩的变化，体验把玩色彩的乐趣。

活动目标

(1)帮助幼儿感受、观察秋天树叶色彩的美丽和变化。

(2)帮助幼儿尝试用不同比例调和两种颜色，体会混合颜色产生的变化。

(3)让幼儿大胆用混合色进行涂抹，体验绘画活动的乐趣。

活动准备

(1)物质材料：秋天的树叶图片若干，秋天的树叶(绿、黄、红色的)若干，播放器1台，歌曲《小树叶》的音频，画有各种树叶外形的作业纸(每个幼儿1张)，绿、黄、红颜料若干(每组2套)，调色盘若干，棉签、画笔若干(每个幼儿任选3支)，湿抹布、小围裙(每个幼儿各1件)等。

(2)知识经验准备：幼儿对秋天树叶的变化有初步的感知，和家长一起捡过落叶。

(3)环境准备：区角做或画有一棵大树。

活动过程

1. 多彩的秋天树叶

教师出示秋天各种树木的图片，引导幼儿观察和感受秋天树叶的变化。

教师讲述并提问：在春天和夏天的时候，每棵树的叶子都是绿色的，现在已经是秋天了，树上的叶子还都是绿色的吗？(不是。)那么秋天的树叶除了有一些是绿的，还有哪些颜色呢？(黄色和红色。)看来，秋天树叶的颜色比春天、夏天还要多，还要美丽。

出示图片：

（图片摘自：http://www.taopic.com/tuku/201309/409785.html

http://itbbs.pconline.com.cn/dc/16009602.html

http://www.86ps.com/jpg/jingguan/20281.html）

2. 留住多彩的树叶

（1）教师播放歌曲《小树叶》，请幼儿欣赏，并提请幼儿注意歌里唱的什么内容。

（2）教师与幼儿交谈：歌里唱的是什么？（小树叶离开妈妈了）秋天，是有些树叶变黄、变红的季节，也是让这些树叶一片一片随着秋风离开树妈妈的季节。再过不久，树叶宝宝都要离开树妈妈，树妈妈身上就变得光秃秃的了，我们就看不到那些漂亮的树叶了。怎样才能把这些漂亮的树叶留住呢？（幼儿各自发表自己的想法。）

（3）教师提议：我们还是把秋天多彩的树叶画下来吧。

请幼儿穿上小围裙。

①教师出示绿、黄、红三种树叶，请幼儿近距离地仔细观察，引导幼儿发现绿叶不是单纯的绿，有一点点泛黄；黄叶不是单纯的黄，还有一点点绿影子；红叶也不是单纯的红，还有一点点偏黄。

(图片摘自：http://bang.dahe.cn/forum.php? mod=viewthread&tid=1001256367
https://huaban.com/pins/336641133/
http://www.ooopic.com/pic_1276435.html)

②教师提问：我们有什么办法让画出来的树叶的颜色和真树叶的颜色一样呢？

在幼儿交流想法的基础上，教师小结：画绿叶的时候，在绿颜料里稍加一点点黄色；画黄树叶的时候，在黄颜料里稍加一点点绿色；画红叶的时候，在红颜料里稍加一点点黄色。你们试一试，看看两种颜色混合在一起会发生什么变化。

③幼儿分别用两种不同比例的颜料调色，发现两种颜色混合在一起与真树叶的颜色靠近了。

④教师发给幼儿每人一张画有各种树叶外形的作业纸，请幼儿自由选择棉签或画笔蘸上不同的混合色，分别给画纸上的几种树叶涂上不同的颜色，并比较和观察混合的颜色与单纯的颜色有什么不同。

3. 欣赏作品，交流讨论

教师引导幼儿互相欣赏作品，交流自己比较和观察的感受，说出混合色与单纯色有什么不同，体验色彩变化的乐趣。

教师将幼儿涂色的树叶剪下，装饰在事先准备好的大树上。

4. 表演歌曲

教师播放歌曲《小树叶》，带领幼儿一起跟唱，并自由表演动作，跟秋天的树叶再见。

活动延伸

(1)区域活动：混色练习(在美工区投放各种颜料、画笔和纸，引导幼儿任意按不同比例调和两种颜料，涂抹在纸上，观察颜色的变化)。

(2)艺术活动：拼贴活动——《树叶贴画》。

(3)语言活动：故事创编——《我是小树叶》。

七、降落伞

设计意图

折纸和染纸活动是利用纸的可折性和可吸附性，把原来平面的纸张经过反复折叠，再染色，创造出概括而生动的立体形象的有趣活动。苏联教育家苏霍姆林斯基说过："儿童的才智反映在他的手指尖上。"折纸和染纸活动正是精微的指尖活动，是训练幼儿手指灵活性的好途径。幼儿学习简单的折纸和染纸，既可增加生活乐趣、满足幼儿的好奇心，又能促进幼儿身心发育和成长。

活动目标

(1)欣赏各种降落伞，并对降落伞的伞面材料、大小、悬挂物等因素有兴趣。

(2)学习用折叠的方法浸染手帕，感受浸染作品的美。

(3)养成细心、认真的操作习惯。

(4)培养动手操作能力，体验成功的快乐。

活动准备

(1)物质材料：跳伞录像视频1个、播放器、降落伞图片两张、彩笔补充液(每组2盒)、水粉笔若干、毛巾若干(每组1条)、地板革若干(每个幼儿1块)、浸染降落伞的范例若干、正方形宣纸（每个幼儿1张)、透明胶、剪刀、剪好的细绳子(每个幼儿4根)、夹子(每个幼儿1个)、吹风机1个、小围裙(每个幼儿1件)等。

(2)知识经验准备：有折纸的经验。

活动过程

1. 了解降落伞

(1)教师讲述：我们出行时可以选择乘坐很多的交通工具，飞机就是其中一种。如果乘坐飞机时遇到了危险该怎么办呢？哦！那我们就要利用降落伞跳出机舱，慢慢着陆，来保证我们的安全了。你见过降落伞吗？出示图片。

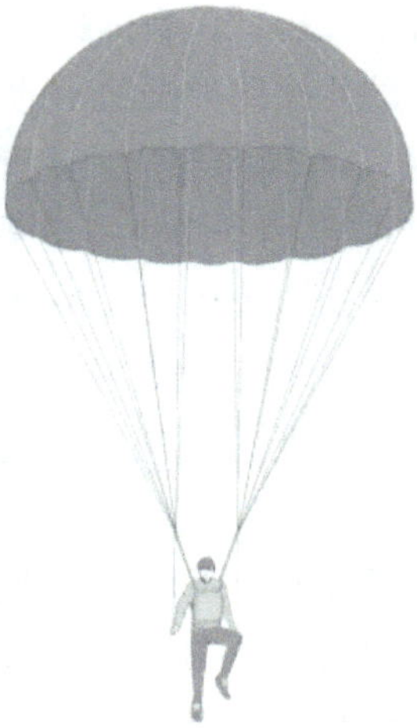

（2）我们再看看录像就知道降落伞是什么样子了。

教师播放跳伞表演的录像请幼儿观赏，让幼儿了解降落伞的形状和作用，并告诉幼儿这次美工活动就是制作降落伞。

2. 欣赏美工降落伞范例，获得美的感受

（1）教师出示浸染降落伞的范例。

将适当的重物拴在降落伞上，向上方抛去，降落伞慢慢落下，让幼儿感受降落伞的整体美，并引起幼儿的兴趣。

（2）教师展示降落伞的伞面，让幼儿欣赏伞面通过浸染形成的色彩图案，感受降落伞伞面设计的美感。

3. 观看教师演示，了解制作方法

教师讲述：这么漂亮的伞面是怎么制作出来的呢？下面请仔细观察老师是怎么做到的哦。

（1）教师演示浸染降落伞的制作方法：

将宣纸裁成较大的正方形纸，对折三次成三角形，将对折好的纸的各个角分别醮一下颜色水（彩笔补充液），还可以用水粉笔蘸上喜欢的颜色水点染到纸的空白处，用工具压紧纸，等纸吸透颜色后再轻轻地打开，放在地板革上，用吹风机吹干，伞面浸染的工艺就完成了。教师告诉幼儿，浸染效果的好坏取决于纸张面积的大小和浸染时间的长短。

（2）剪出 4 根一样长的细绳子，把每根细绳的一端用透明胶固定到降落伞面的四个角上，然后再对比一下 4 根细绳子是不是一样长。

（3）把刚才粘好的伞面和伞绳朝上，把 4 条伞绳的另一端合在一起用夹子夹住，这样降落伞就做好了。

4. 幼儿操作，教师指导

请幼儿穿上小围裙。

（1）幼儿折纸，教师提示幼儿折纸的方式。

（2）幼儿按照教师演示的步骤和方法进行染纸的操作，教师鼓励幼儿在浸染伞面的时候，浸染不同的部位，或者选用不同的间色来浸染、点染，来表现自己的创意。同时请幼儿保持手的干净，一旦手沾染了颜料，应立即用毛巾揩干净，以免污染作品。

（3）在幼儿操作的过程中，教师巡回查看，注意对能力较差的幼儿进行适当的指导和帮助。同时提醒幼儿注意卫生，不要弄脏衣服。

（4）等纸吸透颜色后，教师帮助幼儿轻轻地把纸展开，放在地板革上，用吹风机吹干。

（5）教师发给每个幼儿 4 根一样长的细绳子，协助幼儿把每根细绳的一端用透明胶固定到降落伞面的 4 个角上，用夹子夹住 4 根绳子的末端。

（6）幼儿一起演示自己的作品，共同体验创造的乐趣。

5. 观赏降落伞飞行

教师带领幼儿来到空旷处，各自将自己制作的浸染降落伞向空中抛去，观赏降落伞慢慢落下的情景，体验成功的快乐。

活动延伸

（1）艺术活动：折纸、染纸——“我的大桌布”。

（2）科学活动：科学小尝试——“小小降落伞的力量”。

（3）家园互动：亲子游戏——“降落伞大比拼”。

八、画小鸡

设计意图

对于小鸡，城市里的孩子们既熟悉，又陌生。说熟悉，是因为他们在画面上经常看到小鸡的形象；说陌生，是因为他们极少有机会看到叽叽喳喳、活蹦乱跳的小鸡。其实，他们很乐意和小鸡做朋友，一起玩耍。在这次活动中，教师要将鲜活的小鸡呈现在他们面前，让他们和小鸡亲密接触，观察小鸡的外形特征，捕捉小鸡不同的动作形态，了解小鸡的活动方式。在观察的基础上，教师鼓励幼儿拿起画笔表现出自己喜欢的小鸡。在活动中训练他们观察、表述的能力和绘画的表现能力，加深他们喜爱小动物的感情。

活动目标

(1)通过观察，了解小鸡的外形特征和不同的动作形态。

(2)能够参考画面添画小鸡，表现小鸡不同的动作形态。

(3)训练观察和表达事物的能力，加深喜爱小动物的感情。

活动准备

1. 知识经验准备

(1)幼儿对鸡蛋孵出小鸡有一定的了解。

(2)幼儿看过有小鸡的视频。

2. 物质材料准备

(1)装有几只小鸡的纸盒 1 个，纸盒周围挖几个小洞，以便透气，盒盖上挖一个圆洞，以便幼儿将手伸进盒内触摸感知小鸡。

(2)多媒体教学设备；小鸡跟着母鸡在草地上一起活动的视频片段 1 个。

(3)彩笔、画有草地上有一只母鸡的画纸(每个幼儿 1 套)。

活动过程

1. 猜一猜

(1)听。

教师出示一个纸盒，盒子上面盖上一条小纱巾。教师拿着盒子分别给每个组的幼儿听，请幼儿学一学里面小动物的叫声。

(2)摸。

教师揭开纱巾，让幼儿把手从盒盖上的小洞伸进去摸一摸，请幼儿说说摸到的是什么感觉，猜一猜里面是什么小动物。

(3)看。

①教师打开盒子，揭开谜底：哈哈，刚才小朋友猜对了，是小鸡，很可爱的小鸡呢。

②教师请幼儿仔细观察，尝试用完整、准确的语言描述小鸡的样子：圆圆的脑袋、尖尖的嘴巴、胖胖的身体、短短的绒毛、细细的爪子……

2. 看一看

(1)教师播放小鸡跟着母鸡在草地上一起活动的视频片段，请幼儿欣赏。

(2)教师结合视频提问：

①你看见视频里有些什么动物？(一只母鸡和一群小鸡。)

小鸡有哪些颜色？(黄的、黑的、花的。)

它们在草地上干什么？(做游戏，找虫子。)

②小鸡走路、奔跑的时候，翅膀是什么样子的？有谁能学一学？

请几个小朋友模仿小鸡翅膀的动作。提示幼儿注意小鸡走得慢的时候，翅膀夹起来；跑得快的时候，翅膀就会打开一些。

(3)教师将幼儿的讲述和动作的内容进行总结，并以图画形式反映在黑板上。教师画小鸡时要有意强调并画出小鸡的形态特点。

3. 念一念

(1)教师带领幼儿念诵儿歌《小鸡小鸡叫叽叽》，帮助幼儿记住小鸡的形象特征。

(2)教师结合儿歌提问：

①儿歌里唱的小鸡是什么样子的？(圆脑袋，胖身体，小眼睛，尖嘴巴，细爪子，绒毛衣。)

②儿歌里唱的小鸡在干什么？(做游戏，啄虫子。)

(3)教师提示幼儿待会儿要把小鸡的这些特点画出来。

4. 画一画

(1)教师讲解绘画的要点：

①画面的草地上有一只母鸡，要把小鸡画在母鸡的四周。

②要把小鸡的形态特征画出来。

③最好能多画几只小鸡，可以画小鸡走路、奔跑的样子，还可以画小鸡啄虫子的样子。

(2)幼儿在画纸上作画，教师巡回观察，提示幼儿发挥想象力，尽可能地画出不同动态的小鸡，使画面内容生动，并对有困难的幼儿进行个别辅导。

5. 说一说

(1)教师请幼儿在组内展示自己的作品，并相互介绍自己作品表现的内容。

(2)教师轮流参加各组活动，引导幼儿在欣赏同伴作品的时候，找出优点进行评价。

活动延伸

(1)拼贴画：毛茸茸的小鸡。

(2)泥塑活动：可爱的小鸡。

(3)在美术角投放小鸭、小鹅等不同姿态的图片，请幼儿仔细观察，用彩笔在白纸上画出它们的特征。

附：

(图片摘自：http://itbbs.pconline.com.cn/dc/15407518.html)

九、漂亮的轮胎

设计意图

现在幼儿对车子越来越感兴趣，利用这个主题开展美术活动，符合幼儿的审美心理需求。教师为幼儿提供各种材料，为幼儿的创造提供更为宽泛的创造空间。孩子们通过动手、动脑，去发现，去探索，从而对创造产生浓厚的兴趣。“漂亮的轮胎”这一美术活动，既能让幼儿了解轮胎的结构，还能引导幼儿发挥自己的想象力去装饰各种美丽的轮胎，从而对创造产生浓厚的兴趣。

活动目标

（1）萌发对装饰画活动的兴趣。

（2）学用各种材料和间隔的方法在圆圈内装饰。

（3）尝试用自己喜欢的材料、颜色和图案，大胆想象，为玩具汽车装配美丽的轮胎。

（4）了解轮胎的结构。

活动准备

（1）物质材料：“猫咪先生开汽车”的图片（汽车没有轮胎）1 张、各种不同花纹的汽车轮胎图片若干、油画棒、水彩笔、水粉颜料、各种不同的印模材料、橡皮泥、废光碟、彩色回形针、画有圆圈轮胎轮廓的白卡纸（每个幼儿各 1 张）等。

（2）知识经验准备：有各种工具材料的绘画、手工的经历。

（3）环境准备：区角贴有各种不同花纹的汽车轮胎图片若干。

活动过程

1. 猫咪先生开汽车

（1）情景导入。

教师出示“猫咪先生开汽车”的图片并讲述：猫咪先生开车，他把车子发动起来了，可汽车就是不动。这是为什么呢？请小朋友帮忙找找原因。（幼儿看出图片上的汽车没有轮胎。）没有轮胎怎么办？（幼儿分别说出自己的办法。）

（2）教师提议：请小朋友们为猫咪先生设计一个轮胎吧。

2. 设计漂亮的轮胎

（1）教师讲述：我们要设计出与众不同的轮胎，这样猫咪先生肯定会很喜欢的。那我们可以怎么设计轮胎呢？在轮胎的什么地方进行创意设计呢？

请幼儿观察不同花纹轮胎的图片，提示：这些轮胎样子差不多，你们仔细看看，它们之间有什么不同？（引导幼儿说出轮胎的花纹不同。）我们就为猫咪先生设计一个花纹特别的轮胎吧！

（图片摘自：http://info.auto-m.hc360.com/2008/08/18080687694.shtml）

（图片摘自：http://www.taopic.com/psd/201012/13995.html）

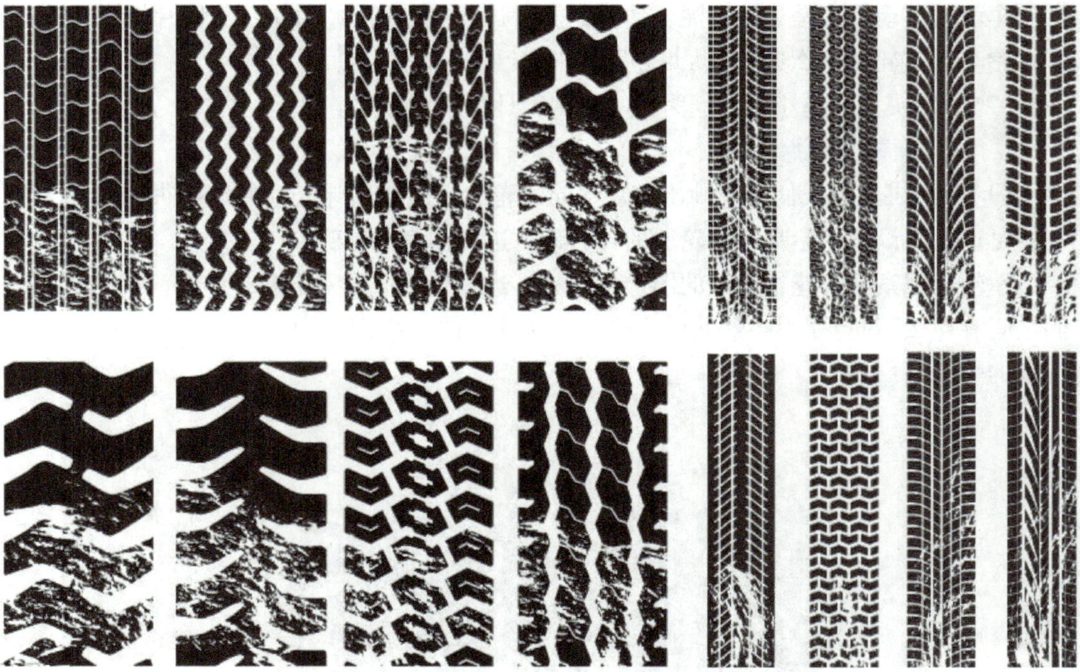

(图片摘自：http://www.daimg.com/vector/201110/vector_4234.html)

(2)设计制作。

①教师引导幼儿进行发散性思维，设计制作轮胎。

教师启发：请小朋友多动脑筋想一想，可以用各种方式、各种材料为猫咪先生设计轮胎特别的花样。

教师出示画有圆圈轮胎轮廓的白卡纸、油画棒、各种不同的印模材料、橡皮泥、废光碟和彩色回形针等物品，请幼儿利用这些工具和材料设计制作有特别花纹的轮胎。

②幼儿自由选取工具和材料进行操作：

有的用油画棒在白卡纸上的轮胎轮廓内画出轮胎的花纹，并涂上漂亮的颜色；

有的用各种不同的印模材料蘸上不同的颜料，用盖印章的方法在白卡纸的圆圈内印出轮胎的花纹；

有的用橡皮泥捏塑出特别花纹的轮胎；

有的把彩色回形针装饰在废光碟上，变成有漂亮花纹的轮胎。

③教师巡回观察，适时给予指导和帮助，并鼓励幼儿发挥想象力，利用其他工具和材料，设计制作自己满意的有不同花纹的轮胎。

(3)展示作品。

①教师把幼儿的作品集中在展示台上，请幼儿围观欣赏。

②让幼儿分别说说自己设计了什么样花纹的轮胎，为什么这样设计。

③请幼儿互相欣赏评价，并评选出最佳作品。

活动延伸

(1)科学活动："漂亮的轮胎"，给幼儿讲解汽车轮胎为什么要有花纹，拓展幼儿的知识。

(2)艺术活动：用类似的方法引导幼儿设计制作有花纹的盘子或伞面。

中班(下)

一、神奇的蛋壳

设计意图

蛋类的营养价值高，除了缺乏维生素 C 外，几乎含有人体必需的所有营养素，是幼儿的日常食品。蛋类的品种也很多(如鸡、鸭、鹅、鹌鹑、鸽子、火鸡等的蛋)，因此色彩也很丰富。这些条件便于教师引导幼儿开展“蛋壳粘贴画”的活动。教师通过这个活动，可以指导幼儿学习利用某种材料粘贴画的方法，训练幼儿的想象能力和动手能力，同时引导幼儿了解蛋类食品的丰富营养价值，让他们知道多吃蛋类食品有利于身体健康。

活动目标

(1)让幼儿产生对蛋壳工艺制作的兴趣，进而学习蛋壳粘贴画的方法。

(2)帮助幼儿发展想象能力和动手操作的能力。

(3)激发幼儿对粘贴画的兴趣。

活动准备

(1)物质材料：老师和幼儿共同收集的各种蛋壳、蛋壳粘贴画的范画若干、画笔若干(每个幼儿 1 支)、水粉颜料若干(每个小组 2 盒)、糨糊若干(每个小组 2 瓶)等。

(2)知识经验准备：有粘贴画的经验。

(3)环境准备：区角有以往幼儿的粘贴画作品。

活动过程

1. 多彩的蛋壳

(1)教师讲述：今天我带来了大家都很熟悉的东西。看，我手中是什么啊？(出示完整的鸡蛋和鹌鹑蛋)你们喜欢吃吗？

(2)引导幼儿说说是不是经常吃鸡蛋和鹌鹑蛋，为什么经常吃，或为什么不喜欢吃。对个别偏食的幼儿要正确引导他们：“你们知道吃鸡蛋有什么好处吗？”

(3)教师给幼儿简单讲解蛋类食品的营养价值，让幼儿知道多吃蛋类食品对身体健康有好处。

鸡蛋是人类最好的营养来源之一，鸡蛋中含有大量的维生素和矿物质及有高生物价值的蛋白质。对人而言，鸡蛋的蛋白质品质最佳，仅次于母乳。鸡蛋被美国某杂志评为“世界上最营养的早餐”。除了鸡蛋，常见的还有鸭蛋、鹅蛋、咸鸭蛋、鸽蛋、鹌鹑蛋等。它们的营养成分大致相当。

(4)教师启发：蛋类对我们的身体这么有好处，那么也不能小瞧蛋壳的作用哟。别看它里面空空的，可它的作用却不小呢！有谁知道蛋壳还有什么用呢？你们家里是不是把蛋壳都丢了呢？有谁说说蛋壳还有什么妙用？

(5)教师根据幼儿的回答进行适当的引导，给幼儿简单介绍蛋壳在日常生活中的应用，重点引导幼儿谈谈用蛋壳制作工艺品的作用，让幼儿说说自己的想法或曾经看到过什么蛋壳工艺品。

2. 蛋壳粘贴画

通过欣赏和提问，引起幼儿的创作欲望。

(1)教师引导幼儿欣赏几张范画：各种蛋壳粘贴画。了解各种蛋外壳的颜色。

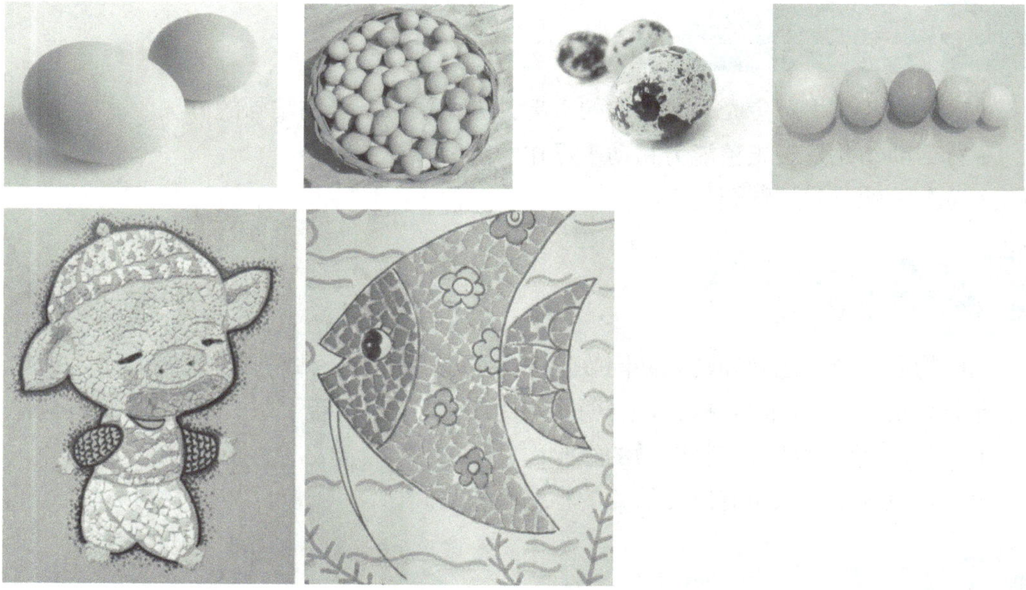

(图片摘自：http://www.to8to.com/yezhu/z21121.html
http://news.17house.com/article-132817-1.html)

(2)教师提问：你们想用蛋壳变成这些漂亮有趣的作品吗？

(3)教师示范并讲解粘贴鸡蛋壳的方法：

①先在作业纸上画出自己想粘贴的图案(也可以事先画好)。

②图案画完后，将糨糊均匀地涂在画面上。

③根据作品的需要选择不同颜色的蛋壳，将需要的蛋壳压碎，一片一片地粘贴到画的上面。

④如果颜色不理想，也可以在粘贴完后，再用水粉颜料在蛋壳上涂需要的颜色，完成自己有创意的蛋壳粘贴画。

(4)幼儿制作：

①幼儿按照教师的示范进行操作，按自己的意愿先设计图案(也可以事先画好)，然后选择碎蛋壳片粘贴在图案上。

②教师巡回观察，并随机指导幼儿，观察幼儿是否初步掌握了蛋壳的粘贴方法，能否独立完成蛋壳粘贴画的操作。

(5)共同欣赏：

①分组活动，请幼儿向同伴介绍自己的作品。

②教师轮流参加各组的活动，引导幼儿互相进行简单评价。

活动延伸

(1)艺术活动：欣赏几种蛋壳工艺品的图片，并介绍几种蛋壳工艺品的制作方法，开拓幼儿的视野。

(2)艺术活动：树叶粘贴画、毛线粘贴画。

(3)艺术活动：彩绘——“蛋娃娃”。

(图片摘自：http://wenwen.sogou.com/z/q261689216.htm
http://news.gxfdc.cn/news/News21_369917.shtml)

二、我有名片啦

设计意图

很多小朋友曾经问过笔者：老师，如果我们在旅游的时候交了好朋友，怎样才能让他随时都能找到我呢？于是我把这个问题抛给孩子们，让他们自己想想能有什么好办法。结合自己现有的社会经验，他们想出了各种办法，最多的就是制作自己的名片，把名片同朋友交换。笔者觉得这个想法非常好，借此契机让每一个孩子当名片设计师，给自己设计最有特色的名片，这样孩子们就会成为学习的主体，同时也提高了他们学习的积极性。

活动目标

(1)帮助幼儿了解名片的功能，初步学习如何设计名片。

(2)帮助幼儿学习设计个性化名片，体验当设计师的快乐。

(3)让幼儿乐于与人交往，体验用名片交换信息的乐趣。

活动准备

(1)物质材料：歌曲《找朋友》的音频、播放器、铅笔、模板、彩笔、卡纸、剪刀等。

(2)知识经验准备：幼儿事先学习书写数字、名字。

(3)环境准备：教师制作“名片树”(上面悬挂各种各样的名片)1棵。

活动过程

1. 讲故事《小老虎找朋友》

(1)教师播放歌曲《找朋友》：找呀找呀找朋友，找到一个好朋友……

(2)教师与幼儿交谈：小朋友，这是什么歌？听到这首歌，老师想起了一个故事，现在讲给大家听。

教师讲述《小老虎找朋友》的故事：一天，小老虎在森林里玩耍，遇见了小猴子，小猴子在树上摘下果子给小老虎吃，于是它们成了好朋友。后来它们去了河边想过河，正好河马过来了，说：“我带你们过河去。”于是它们也成了好朋友……

小老虎在森林里玩了一天，交了好多好朋友呢。天黑了，大家都要回家了，那以后它们再怎样联系呢？请小朋友们帮它们想一想以后继续联系的好办法吧。

教师参与幼儿的讨论，引导幼儿说出交换名片的办法。名片上有姓名、电话号码、家庭地址。有了名片，它们就可以按照名片上的联系方式继续联系了。

2. 欣赏名片树

(1)教师出示名片树：小朋友，你们见过名片吗？看，这里有棵名片树，树上有好多名片呀。来，我们仔细看看，这些名片有什么地方不同呢？你们觉得哪张名片最有特色？哪张名片设计得最有意思、最能让人注意和记住？为什么？

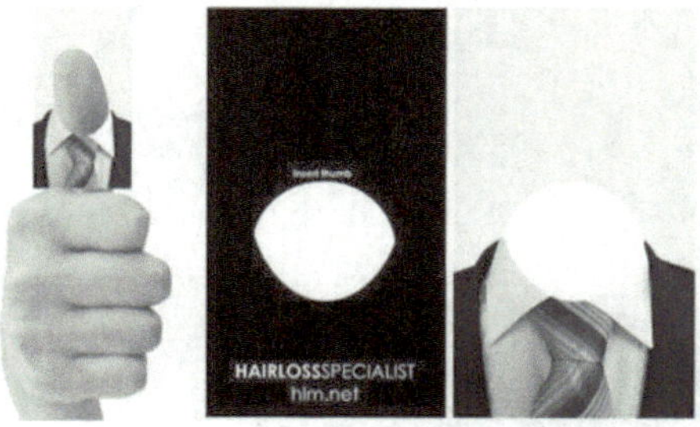

(图片摘自：http://www.16sucai.com/201501/1002155_2.html
http://huaban.com/pins/162857054/
http://www.52design.com/html/201311/design2013118115352_10.shtml
http://www.sj33.cn/Article/kpsj/201210/32238.html
http://blog.sina.com.cn/s/blog_5f94cd020100ztxl.html)

(2)教师引导幼儿观察名片的形状、色彩，装饰的方法，装饰的内容。

(3)教师和幼儿一起小结：名片树上有各种各样的名片，有长方形的、正方形的、爱心形的、折叠的等，有各种颜色的，有的上面还装饰了很有特色的图案，真是太有意思了。

3. 幼儿设计自己的名片

(1)教师提出设计要求：

①名片上要写上自己的姓名，如果不会写自己的名字，就用一种特定的图示代替。比如，你长的是圆脸，就画一个苹果；如果你喜欢小猫，就画一个猫头。教师还可以教幼儿写名字。

（图片摘自：http://www.newcger.com/cg/214_2.html）

②名片上要写出家庭住址或幼儿园的名称，若“家庭住址”或“幼儿园名称”几个字不会写，就画一个小房子代替，接着画一个你家或幼儿园附近的标志性建筑图案表示具体地方。教师还可以帮助幼儿写上家庭住址或幼儿园名称。

（图片摘自：http://momo7258ok.blog.163.com/blog/static/181633333201281392041351/）

③名片上要有电话号码，若“电话号码”几个字不会写，就画一个电话筒，然后写上电话号码的数字。

④名片上要点缀一点有特色的图案（可以代表自己或对介绍自己有帮助的，也可以是自己最喜欢的图案）。如，小明特别喜欢车子，喜欢画车子、看车展，对车子的结构也很了解，那么他的名片上就可以加上他自己画的车子的图形，大家一看见这张名片就能想到是小明的。

（2）幼儿可以参考名片树的样子进行设计与制作。

可以使用模具来剪出名片的形状、写姓名、写数字（电话号码）、画图案（可先勾形状后涂色，也可以直接用彩笔画图案）、加上住址等。

（3）教师巡回指导：检查名字、电话号码是否写清楚，是否会使用模具剪各种形状的名片，装饰得是否漂亮等。观察幼儿是否有创意地设计名片，装饰名片是否有一定的特色。

4. 幼儿用名片相互交流

（1）教师提问：你想把名片送给谁呢？为什么？（提醒幼儿可以把名片送给其他班级的小朋友。）

（2）幼儿与同伴之间、教师与幼儿之间相互交换名片。

活动延伸

（1）社会活动：观察爸爸妈妈的名片，看看有什么特征、内容。

（2）艺术活动：为小动物设计名片，这样它们就不会走丢了。然后把设计的名片挂到名片树上。

三、元宵节看花灯

设计意图

《纲要》中强调："要善于发现幼儿感兴趣的事物、游戏和偶发事件中所隐含的教育价值，把握时机，积极引导。"根据幼儿的兴趣，本活动选择了幼儿非常喜欢的元宵节观灯的内容，主要是针对中班幼儿画人物容易忽视细节、只画基本部分的特点而设计的。采用元宵节大家一起来看灯这一生活中的情节，引导幼儿在欣赏、感受的过程中，用发型、服装的变化来表现不同人物的不同特征，并学会尝试用颜色的深浅、对比去丰富画面，发挥幼儿的想象力，利用已有的生活经验，逐步使画出的人物更具体、更生动，并获得愉快的情感体验。

活动目标

(1)帮助幼儿了解中国人过春节和元宵节的习俗，体验过节的愉快气氛。

(2)帮助幼儿学习用服装、发型的变化来表现不同的人物。

(3)帮助幼儿区别颜色深浅，学会用深浅不同的颜色、对比的颜色搭配，使画面颜色鲜艳、层次鲜明。

活动准备

1. 知识经验准备

(1)和家长一起去看过花灯。

(2)幼儿有画简单人物的经验。

2. 物质材料准备

(1)深色卡纸若干(每个幼儿 1 张)；彩色水笔、蜡笔若干(每个幼儿 1 套)；红、绿、蓝、黄等水粉色若干(每个小组 2 套)。

(2)在授课区域里可张贴各种范画，如：各式花灯、节日景色、各种人物形象等。还可以挂上一些与节日有关的装饰，如各式花灯等，增添节日的色彩感觉。

活动过程

1. 介绍元宵节

教师讲述：小朋友们，你们知道中国的元宵节吗？这是我们中国人一个古老的节日，也是全年的一个重要传统节日，是全国人民共同欢庆的节日。因为这是农历新年第一个月圆夜。这一节日历来就有观灯习俗，故又称灯节。节日里各种漂亮的花灯把我们的周围装点得非常美丽，非常耀眼。当这天家长让你们穿上崭新的衣服，带领你们去逛逛街，看看彩灯的排列及色彩，看看观灯的人流，你们一定会感受到节日的欢快气氛。

2. 欣赏讨论

(1)教师请幼儿观察周围张贴的范图，引导幼儿讨论：画面上有谁？你们怎么看出来的呢？他们的衣服和头发有什么不同？(幼儿根据观察表述。)

教师继续提问：你们的头发、衣着与老师的头发和衣着有什么不同？(幼儿根据观察表述。)

在幼儿表述的基础上，教师小结：发型和服装的不同可表现出人物是男还是女，是大人还是小朋友。

(2)教师继续引导幼儿观察、讨论：画面上的人物在什么地方？在干什么？画面中的花灯是什么样的？(幼儿根据观察表述。)

在幼儿观察、讨论的过程中，教师引导幼儿注意观察人物所处的环境，着重讲述花灯色彩的深浅搭配、花灯的形状及排列方式，同时交流有关花灯的知识。

(3)教师引导幼儿思考：怎样画头发和服装才能分出大人和小孩、男孩和女孩；怎样搭配颜色形成对比效果，丰富画面，烘托节日的气氛。

3. 幼儿创作

(1)教师发给每个幼儿一张深色(表示夜景的底色)卡纸，用彩色水笔画人物。

(2)教师启发幼儿把人物画大(可以看清头发、五官和服装)，把画面画满，想象变化不同的发型和服饰来表示不同的人物。

(3)教师指导幼儿用彩色水笔或蜡笔画服装的图案、花纹。

(4)教师指导幼儿手指点画花灯。在点画花灯的过程中，教师如发现有个别幼儿已有深浅搭配和间隔排列的意识，则应马上介绍给其他幼儿，使幼儿逐步有配色的意识。

4. 讲评作品

(1)幼儿分组活动，展示自己的作品，互相观摩。

(2)教师指导幼儿从以下两个方面欣赏、评价同伴的作品：

①看一看画面上都有哪些人来看花灯，可不可以从头发和服装分出大人和小孩、男孩和女孩。

②看一看画面的色彩是否有深有浅，是否在配色方面产生对比的效果。

活动延伸

(1)指导幼儿制作花灯：幼儿分组活动。

教师发给每组一个简单造型的花灯骨架、各色皱纹纸、白纸，以及剪刀、胶水和彩笔等工具。可以用各色皱纹纸粘贴在花灯骨架上做成花灯，也可用白色纸粘贴在花灯骨架上，让幼儿在灯笼上任意作画、涂色，制成花灯。把做好的各色灯笼挂在角落增添节日气氛。(注：动用剪刀时要由教师代为操作。)

(2)将幼儿制作的花灯装饰到教室走廊上，供家长及幼儿欣赏。

(3)开展亲子花灯制作大赛。

四、纸杯大变身

设计意图

《纲要》指出："幼儿园的活动材料和常规要求等应有利于引发、支持幼儿的游戏和各种探索活动，有利于引发、支持幼儿与周围环境之间积极的相互作用。"在活动中选择幼儿生活中常见的材料，更能引发幼儿的创作欲望。这样，幼儿在丰富多彩、形式多样的活动中通过对各种熟悉的材料进行再创造时，便能更广泛地认识生活、更深刻地体验生活中的乐趣。这次活动以孩子们生活中最常见的"一次性纸杯"为主要活动材料，启发幼儿发挥想象力，将纸杯变成各种有趣的手工艺品，既提高了幼儿的创造能力，又让幼儿在活动中感受到了成功的快乐！

活动目标

（1）通过让幼儿观察纸杯手工作品的范例，激发他们创作的欲望。

（2）让幼儿能制作纸杯手工作品，学习用渐变色和对比色装饰作品，感受成功的快乐。

（3）帮助幼儿发挥想象，构思造型，大胆尝试制作出与众不同的有创意的作品，体验创造的乐趣。

活动准备

1. 知识经验准备

（1）幼儿有画简单花形的经验。

（2）幼儿有涂渐进色、对比色的经验。

2. 物质材料准备

（1）纸杯手工作品范例若干、纸杯手工作品的图片若干。

（2）一次性纸杯若干（幼儿人数的 2 倍）；油画棒、彩笔、儿童安全剪刀、筷子、胶棒、双面胶若干（每组 2 套，幼儿共用）。

活动过程

1. 谈话导入活动内容

(1)教师出示一次性纸杯，与幼儿交谈：你们家来了客人用什么倒水给他喝呢？

一次性纸杯在用过之后，是把它扔掉还是留下来了呢？如果留下来，那么留下来的纸杯又有什么用途呢？

在幼儿讲述的基础上，教师讲述：小朋友你真好，能够废旧利用，节约资源。一次性的纸杯在客人用完之后，留下来可以有其他很多用途。刚才小朋友说了，可以用来装别的小玩意，可以作笔筒，可以把两个一次性的纸杯用线穿起来作成“土电话”，吃瓜子的时候可以临时用来装瓜子壳……看来，一次性纸杯的用途还真多！(教师可以引导幼儿运用发散思维，说出更多一次性杯子的用途)

(2)教师引导提问：一次性的纸杯用过之后，扔了真可惜。让我们一起想一想，能不能用废旧纸杯做出漂亮的工艺品呢？(幼儿根据教师的提示讲述。)

在幼儿讲述的基础上，教师讲述：小朋友真聪明，说出了那么多可以用纸杯做成的工艺品。

2. 引导幼儿观赏范例

(1)教师出示一两件纸杯手工作品，引导幼儿欣赏，激发幼儿的创作欲望。

(2)教师引导幼儿欣赏纸杯手工作品的图片，引发幼儿创作构思。

(3)教师引导提问：老师手里的样品和图片都是用一次性纸杯制作成的。你们想不想学着做呀？你们想用纸杯做些什么呢？(幼儿自由讲述。)

3. 示范讲解范例制作

(1)教师出示用纸杯做成的太阳花的范例，提问：一次性纸杯怎么才能变成一朵美丽的花呢？需要用什么工具吗？是的，可以用安全剪刀剪出来。但是怎么剪呢？从哪里剪起呢？小朋友们帮帮老师，想想办法，看怎样才能剪出这种花的样子来。

(2)教师请一位幼儿示范操作，提示幼儿从杯口沿直线剪到杯底，相隔一段再从杯口沿直线剪到杯底，直到将杯身全部剪开，用手将剪开的长条状花瓣向外打开，纸杯即变成一朵漂亮的花了。还可以用筷子将剪好的花瓣卷一卷，卷成弧状就更漂亮了。

(图片摘自：http://www.61diy.com/huanbao/papercup/7737.html)

(3)教师与幼儿探讨涂色的方法：

①现在这朵“太阳花”基本成形了，我们怎么让它更漂亮呢？

可以涂颜色。这些花瓣可以涂上什么颜色呢？整个花瓣是都涂成一种色块呢，还是让它有所变化？比如我们在靠近中间的地方先涂上浅红色，在向外扩展的时候渐渐变成大红色。这种涂色的方法我们以前学过的，谁能告诉大家，这样的颜色叫什么？对，渐进色。运用渐进色可以使花瓣有层次感和立体感。

②我们把花瓣涂了颜色，那么中间的花蕊涂什么颜色呢？用什么颜色搭配来区分花蕊和花瓣呢？(幼儿讨论讲述。)

用跟花瓣不一样的颜色，最好是对比强烈的颜色。如花瓣用红色，花蕊就用黄色。运用对比色可以让花的颜色显得更跳跃、更鲜艳。

③我们把纸杯剪开后涂色很不方便，一个一个花瓣地涂色很麻烦，而且涂的颜色不统一、不协调。怎样涂色既简便，又能产生好的效果呢？(幼儿讨论讲述。)

有的小朋友说出了好办法，就是在用剪刀剪开纸杯之前，先在纸杯上涂上渐进色。这样涂色既简便，又能产生统一、协调的效果。

(4)教师与幼儿探讨花瓣不同的剪法：

(图片摘自：http://www.rouding.com/bianfeiweibao/102531.html)

①先把纸杯剪成宽的花瓣，然后再修整成半圆形花瓣。

②把纸杯剪成细花瓣，通过卷曲花瓣成为菊花的形状。

③把两个杯子分别剪成长短不同、形状相同的花瓣，然后粘贴在一起，成为双层花瓣的花。

(5)教师根据幼儿的兴趣，还可以示范讲解其他范例的制作方法。

4. 鼓励幼儿进行操作

(1)教师给幼儿分发工具和材料，要求幼儿既可以按照教师出示的范例进行制作，也可以按照幼儿自己的创意进行制作。鼓励幼儿根据自己的想法大胆操作，有创意地尝试制作出与众不同的作品。

(2)教师巡回指导，提醒幼儿用剪刀时要注意安全，必要时要代替手部动作能力较差的幼儿动用剪刀，以免他们发生意外。

(3)教师及时反馈幼儿不同的制作内容和制作方法，引导幼儿相互欣赏、学习、借鉴，学会取长补短。

(4)教师要特别关注根据自己的创意来制作的幼儿，尽可能地给他们提供支持和帮助，让他们的制作达到预期的效果。

5. 集中展示、欣赏作品

(1)教师将幼儿制作的纸杯花串起来，变成一个个花串，悬挂起来进行展示，将其他作品集中在展台上展示，引导大家共同欣赏。

(2)教师请幼儿关注有创意的作品，引导大家从构思、造型、色彩等方面进行欣赏，给予激励性的评价。

活动延伸

(1)鼓励幼儿大胆想象并尝试一次性纸杯还可以做什么艺术品，建议幼儿回家和爸爸妈妈一起做，在亲子活动中共同体验用纸杯做手工的乐趣。

(2)纸盘的创意制作。

(3)纸杯手偶剧表演活动。

五、奇妙的线条

设计意图

绘画是形象思维的表现。画面是静止的，也是无声的。如何让画面表现出动态、表现出声音，就有赖于线条的表现力了。在本次活动中，教师引导幼儿观察各种不同的线条，了解这些线条的形状特征，并根据自己在日常生活中的感受，将所听的音响转化为物象感受，同时大胆地运用各种线条把它表现为动态的、有声的画面，让幼儿感受这些线条奇妙的表现力，体验绘画的乐趣。

活动目标

(1)帮助幼儿认识直线、曲折线、波浪线、螺旋线，并了解各种线条的不同特征。

(2)帮助幼儿尝试运用各种线条来表现事物的声音和动态，画出有趣的画面。

(3)让幼儿感受各种线条奇妙的表现力，体验绘画的乐趣。

活动准备

1. 知识经验准备

(1)幼儿对直线、曲线有一定的认识。

(2)幼儿有听音乐讲故事的经验。

2. 物质材料准备

(1)彩色纸条1根。

(2)多媒体教学设备；彩带艺术体操的录像片段1个；根据音响旁白录制的音频一个。

(3)勾线笔若干(幼儿每人1支)；画有简单图形(被风吹弯的小树、被风吹乱了树叶的大树、一个水塘、路面溅起了大水花)的画纸(幼儿每人1张)。

活动过程

1. 引发幼儿对线条的兴趣

(1)教师出示一根长的彩色纸条，讲述：小朋友，今天老师要让彩色纸条跳舞。

你们要仔细看它是怎样跳的，并给彩色纸条跳的每一个舞取一个名称。

(2)教师用彩色纸条在空中画出直线、曲折线、波浪线、螺旋线，引导幼儿分别给彩色纸条在空中画出的轨迹取名为直线舞、波浪舞、螺旋舞。

(3)教师讲解：在美术活动中，我们把彩色纸条跳的舞分别称作直线、波浪线、曲折线和螺旋线。

(4)为了让幼儿基本认识直线、曲折线、波浪线、螺旋线，教师可以先说出一种线条的名称，然后反复让彩色纸条做出同一个动态的轨迹，以巩固幼儿头脑中的概念。

(5)教师播放艺术体操(彩带)的录像片段，引导幼儿欣赏并感受艺术体操中彩带运动轨迹的独特魅力，并有意随时暂停录像，让定格的画面更清晰地展现在幼儿面前，要求幼儿说出各种运动轨迹的线条名称。

2. 指导幼儿学习线条的画法

教师在黑板上示范讲解各种线条的画法：

(1)直线的画法：画直线时要注意笔不能晃，线条才画得直。

(2)曲折线的画法：曲折线像鲨鱼的牙齿一上一下，有尖尖的齿纹。

(3)波浪线的画法：波浪线也是一上一下的，不过没有尖尖的牙齿，而是像水中的波浪一样。

(4)螺旋线的画法：螺旋线像蜗牛的家(背上的壳)一样一圈一圈的。

3. 引导幼儿根据声音联想线条

(1)教师播放一段音响，请幼儿伏在桌面上闭眼倾听，老师轻轻地走到幼儿当中，用一种柔和、平缓的语气朗诵音响旁白，帮助幼儿理解音响表达的画面和意思。

(2)音响播完后稍停顿片刻，然后请幼儿坐端正。

(3)教师结合音响提问：

①小朋友，刚才你们听到了一些什么声音？(幼儿根据音响讲述："呜呜"的风声、树叶"蟋蟋簌簌"抖动的声音、木瓜掉进水里的"扑通"声、"哗啦哗啦"的大雨声。)

②我们如果用黑板上的这些线条来表现这些声音，可以各选择哪种线条来表现呢？(引导幼儿根据音响和音响旁白转化为头脑中的形象，联系不同线条的形状进行讲述。)

(4)在幼儿讲述的基础上，教师归纳，并根据内容在黑板上画出相应的线条：

①可以用螺旋线画风，因为风声忽高忽低，像旋转一样。

②可以用曲折线画树叶抖动的样子，因为风吹得树叶来回摆动。

③可以用直线表现木瓜落进水里的样子，因为木瓜下落不会拐弯，同时在水面可以画圈一圈的螺旋线，表现木瓜落进水里后在水面泛起的一圈圈涟漪。

④可以用直线画大雨，因为雨很大，像线一样直接掉下来似的。

⑤另外，风在湖面吹起了波浪，虽然没有声音，但可以用波浪线表现波浪。

4. 辅导幼儿运用线条表现画面

(1)教师请幼儿观察画纸上的内容，引导幼儿发现画面表现的就是刚才播放的音响中的部分内容(被风吹弯的小树、被风吹乱了树叶的大树、一个水塘、路面溅起了大水花)，但画面中的实物都是静止的，没有用线条表现事物的声音和动态(风、木瓜掉进水里、大雨落下等)。

(2)教师要求幼儿根据音响想象的内容，运用相应的线条进行添加，来表现画面中事物的声音和动态。

(3)幼儿用勾线笔在画纸上按要求作画，教师巡回观察，适时给予必要的辅导。

活动延伸

(1)引导幼儿感受不同的音乐，并根据自己的感受做出相应的肢体动作。

(2)引导幼儿借助不同的工具(玩具车、珠子、毛线等)、不同的方法，来创造特殊的线条痕迹。

附：

1. 音响旁白

天，灰蒙蒙的，密密麻麻布满着层层厚重的黑云，不一会儿，“呜——呜——”刮起了大风。那呼号的风声一会儿高，一会儿低，似乎在旋转一样。风儿吹得树枝发抖，树叶发出“蟋蟋簌簌”、“蟋蟋簌簌”的声音。风儿吹在湖面上，水面掀起了一层又一层的波浪。又一阵更大的风吹来，“扑通”，湖边树上的一个木瓜被风吹落下来，掉在水里，水面又泛起一圈连着一圈的涟漪。这时，“哗啦哗啦”，“哗啦哗啦”，大雨倾盆而下。霎时，风声大作，雨声大作，天地之间变成了水的世界。

2. 音响录制说明

(1)本段音响主要是风声、雨声、树叶抖动的声音以及木瓜掉进水里的声音。

(2)风声、雨声、树叶抖动的声音均可以在风雨天气录下自然的声音，木瓜掉进水里的声音，可以装一桶水，将一个大苹果扔进水里，同时录下发出的音响，然后把这些音响进行组合编辑。

(3)如果当地长时间没有风雨天气，也可以人工模拟音响录制下来：

①风声——抖动挂历纸发出的声音类似风声。抖动的幅度大、频率快，发出的“风声”就大；抖动的幅度小、频率缓，发出的“风声”就小。

②雨声——装一盆水，用手在水中来回搅动，发出的声音类似下雨的声音。搅动的幅度大、频率快，发出的“雨声”就大；搅动的幅度小、频率缓，发出的“雨声”就小。

③树叶抖动的声音——搓揉塑料袋发出的声音类似树叶抖动的声音，搓揉时注意节奏随着风声的大小而变化。

六、漂亮的瓷盘

设计意图

瓷盘是我们日常生活中常见的一种器皿，我们在使用这种器皿的同时还能感受美的愉悦。在本次活动中，教师引导幼儿在了解有关瓷盘常识的基础上，通过对瓷盘的观察与欣赏，促使幼儿对瓷盘艺术产生兴趣，初步了解和感受瓷盘的造型美、图案美，并能大胆地想象，自己设计装饰一个富有个人情趣的瓷盘，感受创造成功的乐趣。

活动目标

(1)帮助幼儿了解瓷盘的有关常识，让他们对瓷盘艺术产生探究的兴趣。

(2)帮助幼儿感知瓷盘的造型美和图案美，让他们接受传统艺术的熏陶。

(3)让幼儿大胆想象，并根据自己的意趣设计和装饰瓷盘，体验成功的快乐。

活动准备

(1)知识经验准备：幼儿有一些线描画的经验。

(2)物质材料准备：

①幼儿在家人的帮助下收集瓷盘，举办瓷盘展览会。

②铅笔、勾线笔和水彩笔等各若干(每个幼儿1套)；各种形状的一次性纸盘若干(每个幼儿1~2个)。

活动过程

1. 参观展览，了解相关知识

(1)教师让幼儿将从家里带来的瓷盘集中放在展台上，布置成展览，大家一起观赏。

(2)教师引导幼儿观察瓷盘，用提问的方式给幼儿介绍相关知识：

①小朋友们一起收集来的瓷盘好漂亮啊！它们都是用来做什么的呢？(请幼儿介绍自己带来的盘子的作用。)

在幼儿讲述的基础上，教师引导幼儿从瓷盘的造型、图案上进行观察，并分析它的用途：有的瓷盘是纯粹用来装饰的，有的是用来装水果的，有的是用来盛菜的，有的是用来装糖果的，等等。

②瓷盘上都有些什么样的图案呢？都有些什么颜色呢？你最喜欢哪个瓷盘？为什么呢？(幼儿自由讲述。)

在幼儿讲述的基础上，教师引导幼儿从图案、颜色、内容等方面对瓷盘进行观察、欣赏和评价，并适当讲解一些相关的知识，如：釉上彩和釉下彩的区别(引导幼儿用手摸，有凸凹感的是釉上彩，很平整光滑的是釉下彩)；釉上彩的瓷盘不适合用来装热的食物，因为釉受热后会产生对身体有害的物质。

2. 交流讨论：如何设计瓷盘

(1)教师以“如何设计瓷盘”为话题，引导幼儿交流：

①你想设计什么形状的瓷盘呢？

②你想在上面设计什么样的花纹呢？

③你准备用什么颜色做装饰花纹呢？

(2)教师鼓励幼儿大胆想象，说出与他人不一样的设计，显示个人的情趣。

3. 动手操作，设计和装饰“瓷盘”

(1)教师给幼儿分发绘画工具(铅笔、勾线笔、水彩笔等)和各种形状的一次性白色纸盘(圆形、椭圆形、三角形和长方形等)。

(2)教师讲解作画程序：先用铅笔在盘子上画出设计的图案，修改定稿后用勾线笔勾出轮廓，再涂上色彩(也可以涂色后再勾线)。

(3)幼儿按要求在纸盘上作画，教师巡回观察，提示幼儿瓷盘的图案可设计单个花纹，也可以设计组合花纹，还可以适当根据自己的构思给盘子涂点底色等。鼓励幼儿设计出有创意的瓷盘图案、花纹。

(4)教师要关注能力较弱的幼儿在操作上是否遇到困难，并给予相应的帮助；鼓励能力强的幼儿在完成一件作品后，还可以用其他形状的纸盘设计画出新的图案。

4. 集中展示，欣赏和评价作品

(1)教师请幼儿将作品集中到展台上展示，大家共同欣赏。

(2)教师对幼儿的作品都给予激励性的评价，并以几件幼儿作品为例进行点评，引导幼儿从构图、线条和色彩等方面进行总结。

活动延伸

(1)鼓励幼儿运用在纸盘上设计的经验，在纸上花瓶的轮廓线中进行装饰设计。

(2)将幼儿的作品装饰在教室或走廊上，供幼儿及家长欣赏。

七、小蝌蚪

设计意图

小蝌蚪能够吸引幼儿的兴趣，在于它在水中扭动起来的形态。教师可通过让小蝌蚪扭动起来的游戏形式激发幼儿学习水墨画的兴趣。在让孩子们学画水墨画的时候，最重要的一点就是让他们了解画水墨画的各种工具以及它们的性能特点，学习正确的握笔方法和作画姿势，练习画水墨画的基本技法，让幼儿感受中锋、侧锋、逆锋、顺锋等不同用笔产生的艺术效果，增强孩子们对用笔的感受力。

活动目标

(1)帮助幼儿学习用毛笔蘸浓、淡墨表现小蝌蚪的简单外形，加深对蝌蚪形象的认识。

(2)帮助幼儿学习正确的握笔方法和作画姿势，并大胆下笔作画。

(3)激发幼儿学习画水墨画的兴趣。

活动准备

(1)物质材料：蝌蚪范画若干、大宣纸(教师示范用)1张、小宣纸(每个幼儿1张)、大张毛毡垫(每组桌子上各铺1张)、毛笔（每个幼儿1支)、国画颜料、调好的墨汁(浓、淡墨汁)、装有水的器皿(每个小组1套)、湿布若干、歌曲《小蝌蚪找妈妈》的音频资料、播放器等。

(2)知识经验准备：幼儿到池塘边观察过蝌蚪、学过歌曲《小蝌蚪找妈妈》。

(3)环境准备：教室自然角的鱼缸里养着小蝌蚪供幼儿观察。

活动过程

1. 我是小蝌蚪

(1)教师播放歌曲《小蝌蚪找妈妈》：

小蝌蚪找妈妈

1= C 2/4　　　　佚　名词曲

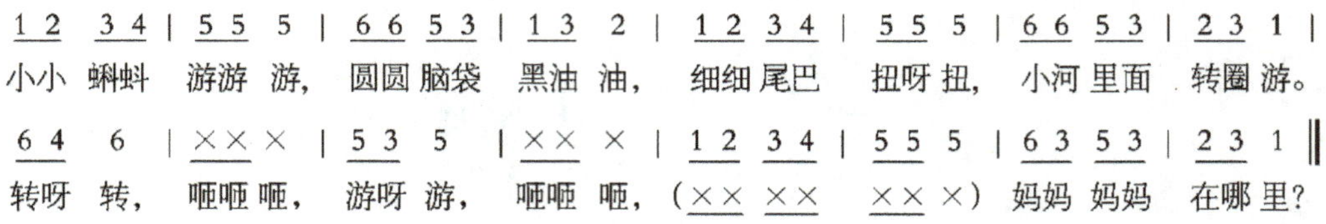

教师讲述：小朋友们，让我们跟着《小蝌蚪找妈妈》的歌曲一起跳起来，把小手、小脚、小屁股都扭起来。

(2)教师带领幼儿用有节奏的身体动作来表现对音乐的感受，游一游，扭一扭。

2. 小笔扭一扭

(1)教师出示毛笔，说："小朋友扭的动作可真好看，小毛笔看见了，也想来扭一扭。"

教师手握毛笔扭起来："小毛笔它还想到画纸上去扭一扭呢，你们看，它一会儿把身体挺直了，一会儿又把脑袋低下去。"换个地方，再来扭一扭。教师手握毛笔蘸了点浓墨，在事先准备好的宣纸上边说边点出蝌蚪的身体，边说边画出小蝌蚪波浪状的小尾巴。"小毛笔邀请我们一起来扭一扭呢，你们愿意吗？"(引起幼儿兴趣。)

(2)引出活动主题。

①教师与幼儿交谈：小毛笔留下了弯弯的墨迹，你们觉得像什么呀？幼儿各自凭想象回答，教师可以问幼儿是不是像波浪。有的小朋友说像小河里轻轻的波浪。"春天来了，花儿都开放了，小河水被春风一吹，跳起了优美的舞蹈，引来了一群可爱的小家伙，你们猜是谁呀？"幼儿猜测、联想，原来是小蝌蚪，它们快乐地在河里游来游去，你听它们唱起了歌，还做起了游戏。《小蝌蚪找妈妈》的音乐轻轻响起，让我们学一学吧！

②教师带领幼儿学作小蝌蚪在水里游来游去的动作。

3. 一群小蝌蚪

小朋友们，你们知道了吗？水墨画是中国绘画艺术的灵魂哦。你们听后肯定更想学习水墨画呢。

教师讲述：现在，让我们用小毛笔把小蝌蚪游水的样子画下来吧！游一游，扭一扭。

(1)教师给幼儿讲解水墨画的各种工具以及性能特点，使幼儿知道水墨画离不开笔、墨、水。

(2)教师给幼儿示范讲解运用毛笔的中锋、侧锋、逆锋、顺锋作画的基本技法，让幼儿感受不同笔法产生的不同艺术效果。

(3)教师出示范图，示范讲解。教师一边示范，一边讲解小蝌蚪的画法：

①先用毛笔蘸淡墨在纸上轻轻地横按一笔，作为蝌蚪的腹部，再蘸浓墨在腹部上边向下弯画一笔，就画出了蝌蚪的背部。

②等墨迹稍干些，再蘸浓墨以一笔中锋轻轻画出蝌蚪的尾巴，可以是直的，也可以

使用曲线画出扭动的尾巴。

③最后再用浓墨在头部点上两只眼睛。一只水墨画的蝌蚪就画出来了。

(图片摘自：http://gd.qq.com/a/20140728/013311_1.htm
http://i.mtime.com/wwwsk/)

(4)幼儿练习作画。

①幼儿学着教师的样子用毛笔蘸浓墨或淡墨在纸上操作，教师提醒幼儿蘸墨不要太多，也不要太少。点完小蝌蚪的原点身体后，微微提笔扭一扭，扭出弯弯的小尾巴。

②幼儿在宣纸上练习画蝌蚪，教师巡回观察，观察幼儿能否掌握蘸墨的量的多少，能否学习灵活应用毛笔的中锋、侧锋作画，适时给予示范与指导。

③教师提醒幼儿蘸浓墨时笔中的水分不能过多，若太多时可先在湿布上按一下，吸吸水，不可以乱甩。

(5)教师可以示范并建议动手能力强的小朋友在画的小蝌蚪旁边添加几根水草来丰富画面。

4. 欣赏作品

教师把小朋友们画的小蝌蚪都贴在一起，说："小朋友们画的小蝌蚪太可爱了，让我们和小蝌蚪们一起游一游，扭起来哦。"《小蝌蚪找妈妈》的音乐再次轻轻地响起，小朋友们跟着老师一起合着音乐扭起来！

活动延伸

(1)区域活动：和幼儿一起观察蝌蚪是怎样变成青蛙的。

(2)语言活动：讲述《小蝌蚪找妈妈》的故事。

(3)体育活动：游戏——《青蛙跳跳跳》。

八、小狗贝贝的房子

设计意图

本次活动中，教师通过讲故事导入活动内容，运用渐进的方式引导幼儿进行思考，为小狗贝贝想办法，怎样把房子变得漂亮，怎样美化房子周围的环境。通过交流谈话，帮助幼儿进行构思准备，并根据这个构思，发挥想象作画，表达自己生活的体验和审美的情趣。

活动目标

（1）帮助幼儿训练运用渐进的思维方式考虑问题，大胆发表自己的看法。

（2）帮助幼儿发挥想象作画，能够有创意地用线条和色彩表现自己的构思。

（3）帮助幼儿学习借助生活经验构思作画，培养幼儿对生活环境的审美情趣。

活动准备

1. 知识经验准备

（1）幼儿有涂渐变色的经验。

（2）幼儿有画小动物的经验。

2. 物质材料准备

（1）一个大的旧房子的模型（一人高），墙上脏脏的，屋顶也是旧旧的，这些都是粘在房子表面上的，很方便随时拿下来。

（2）和房子大小相当的彩色纸，窗户、花、叶子、栅栏、蝴蝶、蜜蜂、小鸡、小鸭等图形（纸质），方便随时粘贴到房子上。

（3）宽头彩笔（幼儿每组 1 套）；画有房子轮廓的画纸（幼儿每人 1 张）。

活动过程

1. 讲述故事，导入活动

（1）教师讲述《小狗贝贝卖房子》的故事，并根据故事的内容与幼儿交谈，引导幼儿用渐进的方式思考问题。

①教师出示大幅旧房子的模型，提问：开始为什么没人买贝贝的房子呢？（太旧太脏了。）

②教师拿掉了模型房子表面上的“旧”“脏”的装饰，提问：贝贝把旧房子粉刷了一遍，显得不旧了，也不脏了，变成了白房子，为什么还是没有人买它的房子呢？（引导幼儿观察画面自由发表意见，引导幼儿发现画面上的房子“没有色彩，不漂亮”。）

③教师用大笔在白房子上面涂上色彩之后，继续提问：如果用颜色把房子装饰漂亮了，可是它周围空荡荡的，显得很孤单，那房子周围的环境还要怎样改变才会更漂亮呢？（引导幼儿根据生活经验说出加上栅栏，添上花草和树木等。）

④教师在房子的周围添贴栅栏，然后添贴花草，并再次提问：这套房子变漂亮了，围上了栅栏，又种上了花草，环境可真好。那么，有花有草会引来哪些动物呢？（引导幼儿说出与花草相关的动物，如蝴蝶、蜜蜂、小鸡、小鸭等。）

（2）教师在房子旁的花草里添贴上如蝴蝶、蜜蜂、小鸡、小鸭等动物，然后导入讲述：小朋友提出了很多有价值的意见，贝贝的房子变得很漂亮了。房子有了鲜艳的色彩，周围装上了安全的栅栏，院子里还种了美丽的花草，引来了蝴蝶、蜜蜂、小鸡、小鸭，贝贝可以和它们一起游戏，太有意思了。

2. 幼儿作画，教师指导

（1）教师给幼儿分发作画工具和画纸，请幼儿在画纸上装饰白色的房子，并美化房子周围的环境。

（2）在幼儿作画的过程中，教师巡回观察，提示幼儿在涂色的时候，要考虑房顶、墙面和门窗色彩的变化，墙面可以涂成渐变色；在添画栅栏的时候不要照搬老师画的样子，可以根据自己的想象画出不同的样子；在添画花草的时候，要注意安排布局，不要阻断了房子与外面的通道；在添画蝴蝶、蜜蜂、小鸡、小鸭的时候，要把它们的动作形态表现出来。

（3）教师要特别关注能力较弱的幼儿，并在必要时给予具体的指导。

3. 展示作品，共同欣赏

（1）展示幼儿的作品，请幼儿向同伴们介绍自己作画的意图和方法。

（2）教师引导幼儿在装饰房子和美化环境两个方面欣赏同伴的作品，并作出激励性的评价。

活动延伸

（1）鼓励幼儿发挥想象，用彩色橡皮泥捏塑一幢立体的彩色房子。

（2）在建构区里筑建漂亮的房子。

（3）学习更多的装饰技法，如转印、盖印、剪贴等。

九、粽子

设计意图

端午节是我国已有两千多年历史的传统节日。每到这一天，家家户户都会悬挂钟馗像和艾叶菖蒲、赛龙舟、吃粽子等。在本次活动中，教师可引导幼儿了解中国传统节日端午节的习俗，了解粽子的品种、形状及味道，尝试传统包粽子的方法，并借此进行用橡皮泥包“粽子”的美工活动，让幼儿根据自己的意趣创造美、展示美。

活动目标

(1)知道吃粽子是中国端午节的传统习俗。

(2)了解粽子的品种、形状、味道及其制作方法。

(3)进行用橡皮泥包“粽子”的美工活动，根据自己的意趣创造美、展示美。

活动准备

1. 知识经验准备

(1)幼儿知道端午节是中国的传统节日。

(2)幼儿有一些泥塑的经验。

2. 物质材料准备

(1)幼儿自带一个粽子来幼儿园。

(2)包一个粽子的粽叶、粽子馅、绳子(或者准备一个包粽子的视频)。

(3)彩色橡皮泥、条状彩纸和彩带各若干(每个幼儿1套)。

活动过程

1. 以猜谜的形式引出活动主题

(1)教师请幼儿猜谜，引发幼儿兴趣：

三角四棱长，珍珠里面藏，要吃珍珠肉，解开绿衣裳。

谜底：粽子。

(2)教师念诵童谣，请幼儿说出自己的理解：

粽子香，香厨房，艾叶香，香满堂，这儿端阳，那儿端阳，处处都端阳。

(3)教师讲述：童谣中的“端阳”就是“端午”，指的是“端午节”。每年端午节的时候，到处可以闻到粽子和艾叶的香味。因为端午节吃粽子、挂艾叶是我们中国人的传统习俗。

2. 以“粽子”为话题进行交流谈话

(1)教师请幼儿出示自己带来的粽子，提问：你们吃过粽子吗？都吃过什么样的粽子呢？是什么味道？(幼儿根据已有经验讲述。)

(2)教师结合幼儿的讲述补充：粽子的品种很多，从味道分有无味的，有甜的，有咸的，还有一粽两味的；从内容分有净糯米的白水粽子，有掺和豆类的粽子，有掺和肉类的粽子，还有掺和果仁类的粽子。我们把粽子拿在手里，一股蕉叶的清香扑鼻而来，吃在嘴里糍粑柔和，感觉爽极了。

3. 以美工材料代替实物学包粽子

(1)教师提问：你们见过家里人或其他人包粽子吗？有谁知道粽子是怎样包的？(请见过包粽子的幼儿讲述。)

(2)教师结合幼儿的讲述讲解并演示包粽子的方法和步骤(或者播放包粽子的视频)：

①分清粽叶正反面(以叶径区分，径往外鼓的毛的那面为反)，正面朝上摊在两手中，双手外翻，将粽叶卷成圆锥状。

②将卷好的粽叶卡在左手虎口，虎口面向自己，有长尾巴的一边靠外。

③舀一勺准备好的粽子馅倒入粽叶卷中，压一压。

④将叶尾盖下来，在合口处用右手将叶尾捏笼，盖顶形成三角形，将多余叶尾往上卷(注意，卷形时要留少许空隙，因为米煮后会膨胀，但空隙不要太大，否则容易散形)。

⑤将准备好的绳子卡在虎口下部的圆锥，往上绕过盖顶来回两圈，系牢(线圈正好一边两个角对系)。

⑥将多余的叶尾剪掉，这样，一个四角棱形的粽子就包好了。

(3)教师：现在我们一起来学包粽子。可是老师没有准备那么多的粽子叶和粽子馅，我们就用彩纸当粽子叶，用橡皮泥当粽子馅，尝试包“粽子”。小朋友们在操作的时候，可以根据自己的喜好选择橡皮泥的色彩，如用棕色的橡皮泥做馅，可以把它想象成红豆沙馅；如果用白色或黄色做馅，嵌进一块红色圆形的橡皮泥，可以把它想象成火腿馅。在造型的时候，可以把橡皮泥任意做成方形、球形、棱锥形或者圆锥形，然后用彩纸包起来，再用彩带捆扎好。

(4)教师引导幼儿交流讨论，请幼儿说说自己打算用什么颜色的橡皮泥做粽子馅，做什么形状的馅，怎样把它包起来，装饰得好看些。

(5)幼儿尝试自由用搓、捏、压、团等方法，将橡皮泥捏塑成自己喜欢的形状，再用彩纸包好，然后用彩带捆扎成形。

(6)在幼儿操作的时候，教师巡回观察，提示幼儿“粽子”包扎好后，如发现包装的彩纸有翘角翻卷的现象，可以用胶棒把它粘贴平整，还可以把彩带扎成蝴蝶结(教师可以适当给予帮助)，那样会显得漂亮些。

4. 欣赏作品

教师请幼儿把自己的作品集中摆放在本组的桌子上，大家巡回观赏。各组幼儿介绍自己制作的“粽子”，说说用什么颜色的橡皮泥做的“馅”、把它想象成什么馅、捏塑的是什么形状。

5. 品尝粽子

将幼儿带来的粽子煮熟，切成小份放在一起供大家品尝。

活动延伸

(1)将幼儿做的粽子装饰在区角里，增添节日的气氛。

(2)绘画：快乐的端午节。

大班(上)

一、我们一起做拉花

设计意图

升入大班，孩子们的个头长大了许多，随着身体发育，各方面的能力也得到了进一步提高，具备了一定的审美与创造能力；总想在大人或同伴面前表现表现，新学期活动室要重新布置，有这样的机会让孩子们参与，对他们来说既是玩耍、游戏，又是学习、锻炼。本次活动通过情境的创设，让幼儿主动参与班级活动室的布置，通过活动调动幼儿的动手热情，体验成功的快乐。活动的设计体现幼儿教育的精髓——“在游戏中学习，在游戏中成长”的教育理念。

活动目标

(1)让幼儿乐于参加艺术活动，对幼儿园活动室的布置感兴趣，愿意参与装饰和布置活动室。

(2)让幼儿体验合作的乐趣，培养他们的集体意识及团结协作精神。

(3)帮助幼儿认识“拉花”，学习用中心对称的方法剪出独立的纹样，并连接成拉花。

活动准备

(1)经验准备：幼儿学习过剪纸，已有一定的剪纸经验，能较熟练地运用剪刀等剪纸工具。

(2)环境准备：活动室，背景音乐。

(3)材料准备：拉花作品 PPT，裁成同等大小正方形的蜡光纸，剪刀（每个幼儿 1 把）、订书机 4~6 个、订书针若干、缝衣针及粗棉线若干。

活动过程

1. 师幼交流，导入活动

(1)师：新的学期开始了，为了迎接小朋友的到来，老师提前把我们的活动室稍稍布置了一下。但由于太匆忙，还是有许多不满意的地方，你们愿意想想办法，出出主意，让我们一起把我们的活动室变得更漂亮一些吗？

幼儿讨论交流

教师提示：

①观察活动室中哪些地方还空着，这些地方适合做一些什么样的装饰。

②老师这里有一些图片，你们参考一些，看看能否用得上。

(2)拉花欣赏(PPT 图片展示)，激发幼儿制作兴趣。

师：你们觉得老师带给你们的图片好看不？愿意用它来装饰我们的活动室吗？那就让我们一起做拉花吧。

2. 教师示范制作方法，幼儿跟学

(1)剪纸：

①取正方形纸一张对角折，呈三角形，再对角折，呈小三角形。

②在一短边处，与长边平行向另一短边剪一直线(注意不要剪断)，接着在另一短边用同样的方法也剪出一直线，再回到第一个短边处，与第一条直线平行，剪出第三条线，剪出的线既要相互平行，又要间距相等(注意顶角与长边处尽量多留一些，三条直线可紧密一点)。

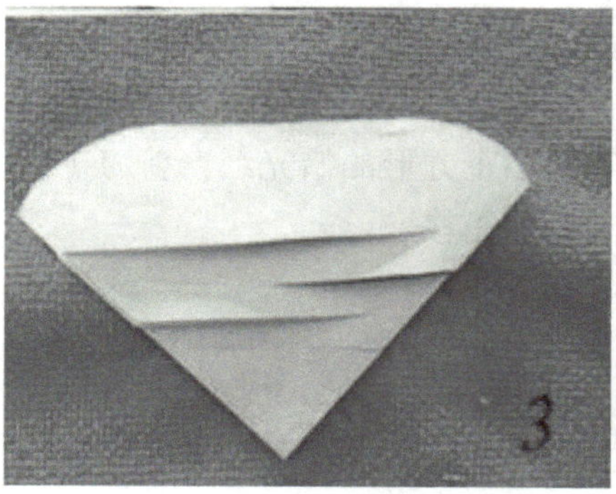

③轻轻展开三角形，形成中心对称的独立纹样，依次剪出三张。

④在音乐伴奏下幼儿学做。

教师提示注意事项，帮助有困难的幼儿。

注意事项：剪刀的使用安全。

剪好的纹样中间和四个角要是完整的，没有剪破，这是有意留下用来连接的部位。

(2)连接：

A)教师示范连接方法：

①取出一组纹样(每位小朋友手中的三张纹样为一组)，拿出其中的两张，用一张的一个角与第二张的一个角对齐，背对背在中心部位中间用订书针订住。

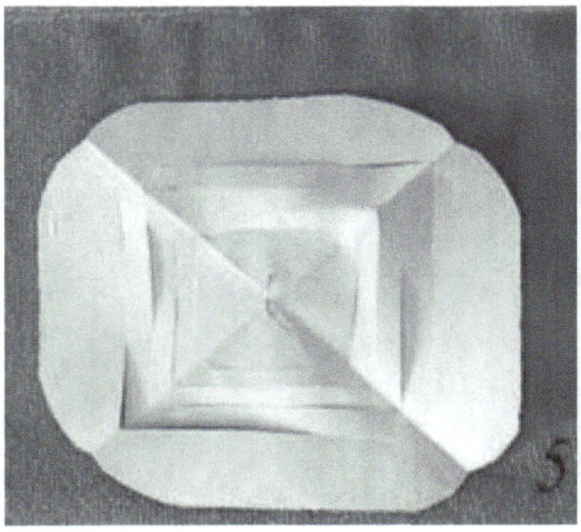

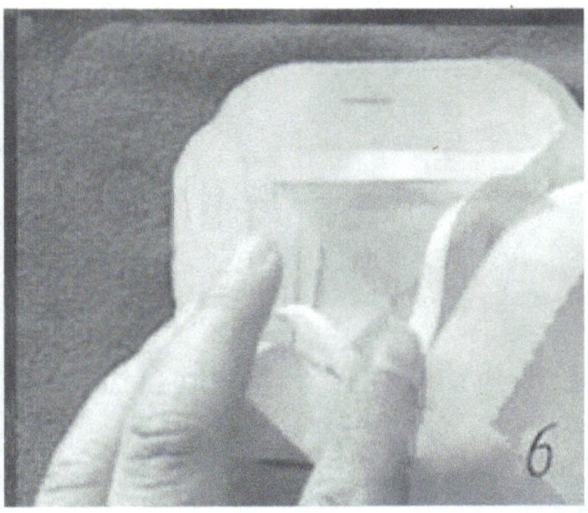

②掀开用订书机订在一起的两张纹样，取其中之一与第三张四个边对齐，用订书机将四个角全部订在一起，每个幼儿手中的纹样就连接完成了。

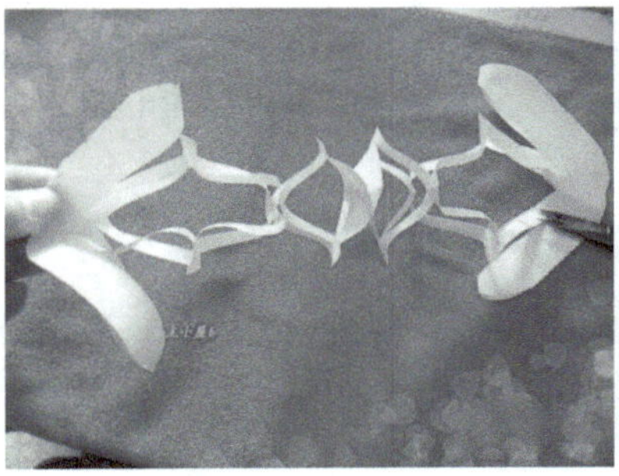

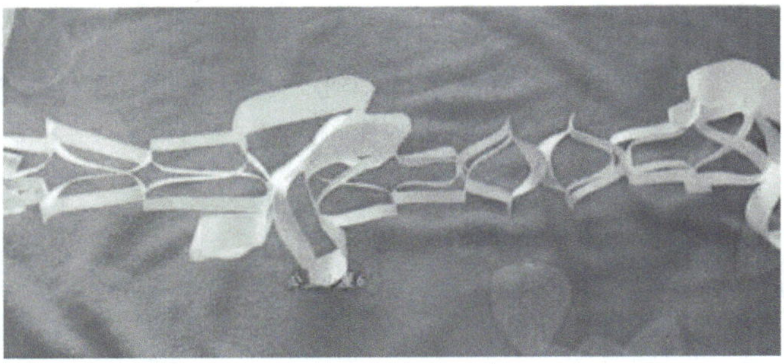

思考：打开已连接好的一组拉花，提问：老师手中的拉花长度够装饰我们的活动室吗？不够又该怎么办呢？

幼儿讨论，教师提示。

师：我们如果将每位小朋友的拉花连起来不就变长了么？教师示范：

③取出已订好的两组拉花，将各组剩下一张(四个角没有订)角对齐，用订书机依

次订上连在一起。

B)在音乐伴奏下，幼儿学做：

①各组幼儿将小组每个幼儿的纹样用教师所示的方法连在一起。

②各组再与其他小组的拉花连接，依此类推，拉花逐渐变大变长，直至足够长。

C)用上述方法将全班拉花连接成两条长拉花。

3. 师幼合作，牵挂拉花

收拢拉花，用一根穿上针的长线，从拉花中心穿过，拉开拉花，将两头系于教室对角的墙钉上(另一个方法不变)，两拉花呈交叉状，悬挂于活动室墙壁顶部。

4. 赏拉花，师幼共乐

(1)欣赏共同完成的作品，教师带领幼儿学念儿歌《拉花歌》，表达成功的喜悦之情。

拉花歌（儿歌）

你拉一，我拉一，见到朋友笑嘻嘻；你拉二，我拉二，送你一条花手绢儿；你拉三，我拉三，朋友分手说再见；你拉四，我拉四，我们再来玩一次。

(2)教师与幼儿在拉花下一起合影，留作纪念。

活动延伸

(1)思考：除蜡光纸外，我们还可以用什么纸制作出更好看的拉花来呢？

除老师教的方法外，你还能自己创造出可以连接的纹样来呢？

我们制作的拉花只有一种颜色，你能否将其变成彩色的呢？

(2)提示：在两张纹样成组时，将两张错开订，再与其他相连形成变化的拉花。

可选两种不一样颜色的彩纸，各取一张中间订牢成组，将每组颜色与另一组一样的相连，形成有色彩变化的拉花。

二、果蔬螃蟹

设计意图

水果、蔬菜提供了人们日常生活所需的多种营养，它们不仅香味诱人，丰富的色彩还不断冲击着人们的视觉。每当看到这些果蔬，教师们很容易将它们同陶行知的“生活即教育”这句话联系起来，进而萌发出一种想法：用生活给我们提供的无穷无尽的资源来让孩子感受自然与生活之美，体验创造美的乐趣。《纲要》指出：“(教师应)引导幼儿利用身边的物品或废旧材料制作玩具、手工艺品等来美化自己的生活或开展其他活动。”本次活动即是用孩子们每日必吃的水果、蔬菜为材料制作动物造型，这不仅可激发孩子们的创造兴趣，又可调动幼儿吃水果的热情，促进他们养成健康饮食习惯。在教师引导下以幼儿对果蔬外形美、色彩美的感知为基础，通过联想、想象、加工等方式完成新造型，实现创造美的过程。幼儿在动手制作中不断体验创造的乐趣，感受创造的成果，分享创造的喜悦，也培养了热爱生活的情趣。

活动目标

(1)让幼儿感受并喜爱环境、生活和艺术中的美。

(2)让幼儿乐于在日常生活中发现美、欣赏美、创造美，培养热爱生活的情趣。

(3)激发幼儿的艺术创造欲望，帮助他们在动手制作的过程中体验创造的乐趣，收获成功的喜悦。

(4)帮助幼儿巩固造型中有关对称的知识，并运用于蔬果玩具的造型中。

(5)帮助幼儿掌握果蔬造型的最基本方法——插接。

活动准备

(1)知识经验：接触过造型中“对称”，并对此有感性认识，

(2)物质材料：实物投影仪、螃蟹的图片若干。

苹果、梨、橘子、香蕉、青枣、葡萄、小番茄等若干，以及蒜苗、豇豆、牙签若干等。

活动过程

1. 谜语导入，引发兴趣

谜面：身穿硬硬袍，手拿小剪刀，走路横着跑，嘴里吐泡泡。

引出谜底：螃蟹。

出示螃蟹图片。

2. 观察形状，总结特征

教师带领幼儿学念儿歌《小螃蟹》：

小螃蟹，八只脚，两只大夹螯；身体圆，壳子硬，眼睛小又小；不向前，不退后，横行又霸道。

对照儿歌内容，进一步巩固幼儿对螃蟹外形特征的感知。

3. 出示材料，启发思考

教师出示苹果、橘子、青枣等果蔬材料，请幼儿仔细观察果蔬材料的外形特征，思考并讨论这些材料和螃蟹有什么关系，并大胆说一说可以利用什么材料来做螃蟹的什么部位。

师：老师将要用这些蔬果制作一只与真实螃蟹略有不同的卡通型螃蟹，你们可要仔细看好哦，看老师都是怎样完成的。

4. 教师示范，幼儿观察

实物投影下教师演示。

A)螃蟹身体。

取洗净的苹果一个放在桌上，对半切开，留下一半(另一半收起)边制作边提问：如果我们用它来做螃蟹，它最像螃蟹的哪一部分？——身体。

B)腿的制作并介绍插接法。

螃蟹身体上数量最多的是什么？——腿。有多少只？——八只。

你们猜猜老师会用什么来制作螃蟹腿。

将一根蒜苗剪成略短于牙签长度的蒜段八根，小心地将牙签从每根蒜段穿过(在末尾处留出牙签头)，将带有牙签的蒜段均匀、对称地插在苹果身体偏下的左右两边。

介绍插接法：用牙签插入两个物体使之从外表上看连成一体，我们叫这种连接的方法为插接法。

观察所制作的造型，与图片中的螃蟹相比还缺什么？——蟹夹。

C)制作蟹夹，取对称方法安置。

剥开橘子，取橘瓣两片，用牙签固定于苹果上部，先固定一边，再用目测的方式，在另一边找到对应的位置，将剩下的橘瓣用牙签固定，一边一个呈对称状。

D)制作眼睛。

现在螃蟹基本形已有了，看还有没有什么遗漏？——对了，少了一对小眼睛。快，给它补上。

取两颗青枣用牙签固定在苹果上端，也可以用黑豆等材料制作。

E)调整作品。

检查小螃蟹造型是否完美，插接牢不牢固；眼睛、腿、夹子位置是否对称等。

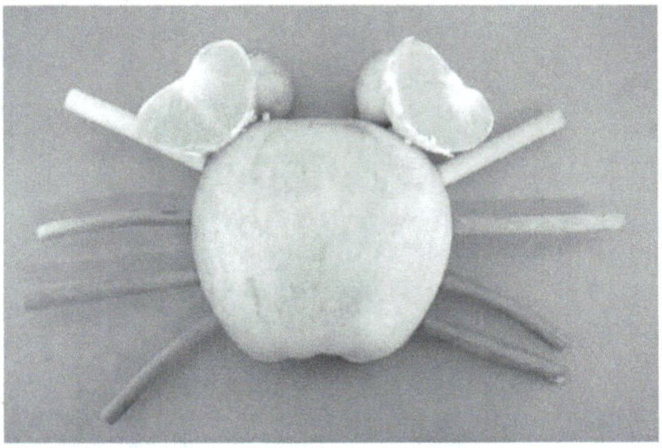

5. 欣赏作品，激发创造

用这样的方法，我们不仅可以制作螃蟹，还可以用蔬果制作很多动物玩具。

拿出一个梨，你们看它像什么？能用梨来做什么呢？

展示用梨制作的老鼠、用橘子制作的小黄鸭、用茄子制作的鲨鱼等图片。

老师这里有很多蔬果，你们能否用这些材料制作出其他的动物造型来呢？或者你很喜欢小螃蟹，你能用与老师不同的材料(蔬果)制作一只小螃蟹来吗？做好后送给自己的爸爸妈妈或最要好的小伙伴，赶快行动吧！

6. 幼儿制作，教师指导

为保安全，教师亲自帮幼儿切分苹果和蒜苗。

教师巡回察视，随机给予指导。

提示幼儿可以选择自己喜欢的果蔬材料制作其他动物造型。

特别要注意动物的各个部位要插接牢固。

7. 作品展示，欣赏分享

将幼儿完成的作品放在展台上，挑选几件作品让幼儿说说自己选择的是什么蔬果以及用什么方法制作的。让幼儿与自己所制作的作品合影，收集资料以便日后布置活动室用。

活动拓展

(1)区域活动：

在美劳区将幼儿们的作品布置成一个蔬果动物(玩具)展。

在探究区投放活螃蟹，观察螃蟹，了解螃蟹的生活习性，并做好观察记录。

(2)家园互动：用学到的方法为父母制作蔬果造型，送给家人。

附：

螃蟹图片

(图片摘自：https://image.baidu.com/search/detail?ct = 503316480&z = 0&ipn = d&word = 螃蟹 &hs = 2&pn = 1&spn = 0&di = 44914412070&pi = 0&rn = 1&tn = baiduimagedetail&is = 0%2C0&ie =)

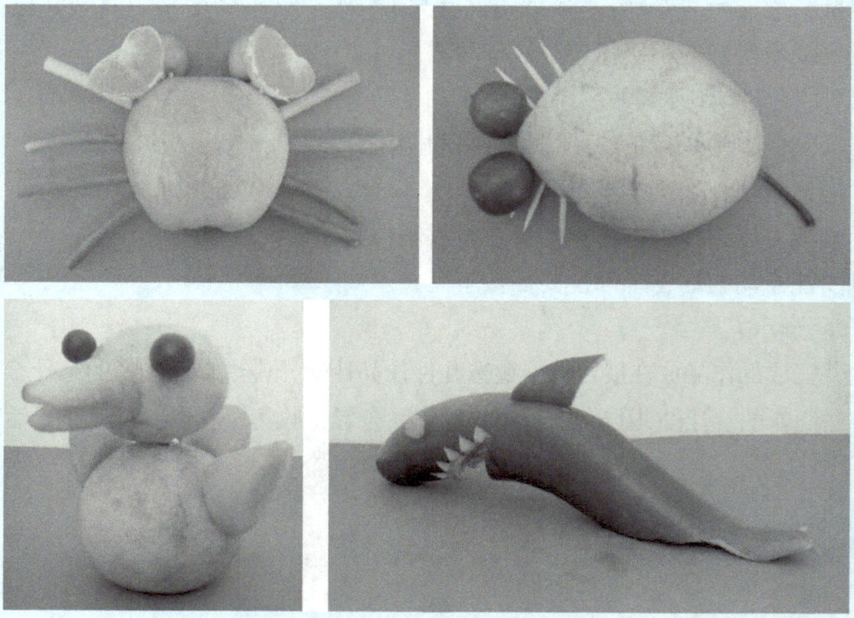

(图片来源：武汉城市职业学院学前教育学院2006级学生作业，由本人拍摄)

三、我爱老师

设计意图

对于尚未具备文字表达能力的孩子来说，图像是他们最易驾驭、也最喜爱的表达方式。在画纸上，孩子们可以轻车熟路地奔驰，快乐地嬉戏、追逐，尽情地欢笑。《纲要》社会目标提出：“(幼儿要)爱父母长辈、老师和同伴，爱集体、爱家乡、爱祖国。”一方面，本活动在教师节来临之际，开展为老师画张肖像的活动，旨在用艺术的形式践行社会目标的要求，增进师幼之间的关系；另一方面，用图像表达情感，符合孩子们的表达习惯，满足了他们的表达欲望，也符合《纲要》艺术目标提出的“用自己喜欢的方式进行艺术表现”的要求。本次活动以艺术感知为基础，通过多样化、多渠道的感官体验，为幼儿进行艺术表现奠定基础。活动将两大领域的目标有机结合，体现了幼儿教育的全面性与综合性的特点。此外，活动抓住身边小事，利用节日，营造尊师重教的环境氛围，通过艺术表现，使幼儿在环境与活动中学习与人交往的技巧，表达对身边人关爱，提高他们情感表达的能力。

活动目标

(1)让幼儿爱身边的长辈、亲人、老师、同伴等，乐于参加艺术活动，愿意用自己熟悉的方式表达情感。

(2)建立和谐的师幼关系，营造尊师重教的良好氛围，帮助幼儿学习与人交往的技巧。

(3)学习通过观察抓住人物面部的典型特征，运用重点强化、特征夸张等手法大胆表现。

活动准备

(1)知识经验：在日常教学中，幼儿有过在老师的引导下进行有意观察的经验。

(2)物质材料：绘画材料(纸张、画笔、橡皮)每人一份；人物照片若干。

(3)其他：邀请三位面部特征差异较大的老师协助，参与活动。

活动过程

1. 游戏：猜猜我是谁

(1)请三位幼儿熟悉的老师与小朋友们一起进行游戏。三位老师坐于教室中央，小朋友们围坐成圈，推选一位小朋友，将他的眼睛蒙上，让他原地转几圈后再把他带到一位老师跟前，让他用手触摸其中一位老师的脸。

师：请这位小朋友一边触摸一边描述老师的相貌特征(如这个老师的脸比较圆、她的头发比较长、她的鼻子比较高、她的嘴巴很小等)。

猜猜被摸的是哪位老师。

(2)游戏做三遍，使参加活动的三位老师的面部特征都能被孩子熟悉。

(3)请幼儿回忆刚才都是从哪几个方面描述老师的面部特征的。

小结：人的面部特征主要由脸型、五官、发型、服饰等几部分组成，其中五官的大小、位置、形状是重点。

2. 认识不同脸型、发型、五官

图片展示，幼儿观察。

3. 引导幼儿学习正确的观察方法

(1)抓住最突出的特点。

人的面部最突出的特点往往就在从第一眼看去给你印象最深的地方(如眯眯眼——眼睛很小，蒜头鼻——鼻子很宽，青蛙嘴——嘴巴大)。

(2)再从大到小观察其他部位的特征。

脸型—发型—五官。

(3)出示照片，按上述方法观察照片上的人物，用简要的语言描述他们的面部特征。

(4)强化观察顺序，巩固观察方法：三位老师按顺序分别描述自己的容貌，从面部的最大特点说起，再从大到小，说出具体特征。

4. 激发兴致、提出要求

(1)师：昨天有位小朋友跟我说，教师节就要到了，他想给我送一份礼物，问我喜欢什么礼物。我想让你们为我画张像，你们愿意吗？

(2)作画要求：

①画你喜爱的老师。可以三位老师一起画，也可以只画三位中的一位或者两位。

②画之前一定要先把握好老师的容貌特点，再动笔。

③要画出老师的特征来，让人看了一眼就能认出画的是谁。

5. 幼儿写生、教师巡视

(1)幼儿根据自己的观察和教师的要求自行作画。

(2)教师巡回察看，帮助有困难的幼儿，鼓励幼儿认真地完成作品。

6. 作品展示，欣赏分享

(1)将幼儿的作品集中展示，三位教师和幼儿一起共同欣赏作品。

(2)请幼儿们相互猜猜同伴画的是哪位老师，讲讲最喜欢哪位同伴的作品，说出喜欢的理由。

活动拓展

(1)鼓励能力强的幼儿直接用色彩表现。

(2)引导幼儿通过表现人物衣服款式、花纹以及首饰等细节来强化老师的特征。

(3)家园互动：让幼儿用活动中所学方法，为家中的长辈画一张肖像。

四、水果项链

设计意图

色彩鲜艳、味道甜美、富含维生素的水果，是幼儿每日必不可少的食物。因为水果色彩丰富，不少教师将其用做幼儿美工活动的材料。《纲要》要求“引导幼儿用身边的物品和废旧材料制作玩具和手工艺品美化生活或开展活动”。本次活动以水果为对象，在辨认不同水果的色彩的基础上，指导幼儿用色彩进行排序，形成节奏来制作水果项链，通过实践理解“艺术来源于生活”的道理，体验艺术创造的快乐，激发幼儿对生活的热爱和对美的创造热情。

活动目标

(1)让幼儿喜爱艺术，愿意参加艺术活动，乐于发现生活中的美并用双手创造美。

(2)帮助幼儿学会辨别相近颜色之间的差别，能用准确的名称表达色彩。

(3)帮助幼儿尝试用色彩间隔的方式排列出连续性的立体图案纹样，感受图案节奏与秩序之美。

活动准备

(1)知识经验：认识12种以上常见颜色，有过手工制作的经历。

(2)物质材料：

用小番茄、草莓制作的单色和双色水果项链范例各1个。

教师示范用材料：黄色、红色番茄若干，草莓1个，柠檬1个，毛衣绣花针1根，毛线若干。

幼儿制作材料：黄色、红色番茄若干(每个幼儿1小篮)，草莓若干(每个幼儿1个)，穿上毛线的毛衣绣花针(针头不要太尖，以免戳手)若干(每个幼儿1根)。

活动过程

1. 活动导入

(1)教师先后出示小番茄(红、黄两种颜色)和草莓等水果，请幼儿分别说出这两种水果的名称和味道。

（2）师：这些水果除了可以吃之外，还可以作什么用呢？（幼儿自由讲述。）

这些水果除了好吃之外，还好看，我们还可以用它来做造型。把它们连缀起来，做成水果项链，一定很好看。

2. 分辨相近色彩

（1）师幼谈话，引导幼儿运用准确的名称表达色彩：

①教师出示红色的小番茄。

师：这个番茄是什么颜色的？（幼儿：红色。）

教师又出示草莓。

师：这个草莓是什么颜色的？（幼儿：红色。）这两种红色有什么不同呢？（幼儿：番茄的红色深一些，草莓的红色浅一些。）

师：番茄的红，颜色鲜艳、浓重，显得吉祥喜庆，我们叫它大红；草莓的红，娇嫩、靓丽，我们叫它洋红。

②教师出示黄色的小番茄。

师：这个番茄是什么颜色的？（幼儿：黄色。）

教师又出示柠檬。

师：这个柠檬是什么颜色的？（幼儿：黄色。）这两种黄色有什么不同呢？（幼儿：番茄的黄色鲜一些，柠檬的黄色嫩一些。）

师：柠檬的黄色比番茄的黄色看上去浅一些，我们叫它柠檬黄；番茄的黄色与柠檬的黄色相比更鲜亮、光彩，我们叫它金黄色。

（2）儿歌诵读。

番茄红和草莓红（儿歌）

番茄红，草莓红，两种红色不相同。番茄红色深，把它叫“大红”；草莓红色浅，把它叫“洋红”。

番茄黄和柠檬黄（儿歌）

番茄黄，柠檬黄，两种黄色不一样。番茄黄色鲜，把它叫做“金黄色”；柠檬黄色嫩，把它叫做“柠檬黄”。

教师将这两组相近色的辨认编成儿歌，带领幼儿诵读，帮助幼儿巩固记忆。

（3）欣赏比较，引发兴趣：

①教师出示用一种红色的小番茄和一个草莓制作的水果项链，提问：这个水果项链漂亮吗？（漂亮。）谁来戴上这个“项链”试一试？（指派一个幼儿戴上这个单色项链）

②教师又出示一个用红、黄两种颜色和一个草莓制作的水果项链，提问：这个水果项链漂亮吗？（漂亮。）谁来戴上这个项链试一试？（指派另一个幼儿戴上这个单色项链。）

③教师请两个戴上水果项链的幼儿站在前面，让大家对比观赏。提问：这两个水果项链哪个更漂亮些？为什么？(幼儿根据观察交流讲述。)

④教师讲述：双色水果项链有两种颜色相间，对比强烈，互相映衬，显得更亮丽、更漂亮。

3. 讲解步骤，示范制作

(1)用数学“排序”的方法给水果宝宝排个队：将番茄按一个黄、一个红排列成一行，摆放在桌上，直到达到项链所需要的长度为止，最后一个番茄是黄色的，然后放一颗草莓。

(2)用穿好毛线的毛衣绣花针，横向从每个番茄中间较宽处横穿过(也可以竖向从每个番茄的上面穿到下面)，依次将一个个番茄串联起来。

(3)从草莓的上部最宽处横向穿过，最后将线打上一个结。

(4)将串联好的水果项链提起来，让草莓在最下面，看它是不是向下垂直，像不像一个项链“坠子”。如果不够垂直，就稍加整理。

4. 展示作品，启发创造

展示制成的双色水果项链。师幼交谈。

师：老师的双色项链，是用一个红色小番茄一个黄色小番茄间隔排列制成的，你们能用与老师不同的排列方式，排列出新的更美的图案，连接成项链吗？

(暗示：两黄一红，或两红一黄等。)

我们除了能用颜色间隔的方式制作项链外，还可以用什么方法制作呢？

(形状大小的间隔。如：一个葡萄、一个草莓等。看谁做的项链最漂亮。)

5. 幼儿制作，教师指导

(1)分发制作工具和材料，让幼儿自行操作。

(2)在幼儿动手之前，教师强调排序(色彩间隔、形状大小间隔)，看看效果，体会间隔的重复所产生的节奏美，再进行串联。

(3)在操作过程中，教师提醒幼儿用针刺水果的时候要小心，不要扎到手，要注意安全。

(4)在幼儿完成操作后，教师请幼儿把自己做的水果项链挂在自己的脖子上，互相欣赏，合影留念，体验成功的乐趣。

活动拓展

请家长帮助幼儿收集、购买更多品种、更多色彩的个小的水果，如青葡萄、红葡萄、紫葡萄、青枣、红枣、橙色的金钱橘、土黄的桂圆、深红的荔枝等，运用比较复杂的间隔多种色彩、不同数量的排序方法，制作出有创意的水果项链。

附：

水果项链图片

五、双面人偶

设计意图

《纲要》艺术领域内容与要求中指出：“指导幼儿利用身边的物品或废旧材料制作玩具、手工艺品等来美化自己的生活或开展其他活动。”生活中随处可见的可乐、矿泉水、鲜橙多的瓶子，往往用过之后就扔掉了。这些废弃的瓶子，稍稍动点脑筋就可以变成有趣的东西。只要心中有创意，就能变废为宝，生活中不是缺少美而是缺少发现美的眼光。教师通过开展“双面人偶”的美工活动，可以挖掘幼儿的创造力，培养他们的动手能力。

活动目标

(1)让幼儿喜爱艺术，愿意参加艺术活动，乐于发现生活中的美并用双手创造美。

(2)让幼儿尝试结合瓶身的形状设计造型。

(3)让幼儿能用自己喜爱的方式进行装饰美化。

(4)帮助幼儿学习在废旧塑料瓶上进行艺术创作。

活动准备

(1)知识经验：开展过有关涂色类的手工活动，具有一定的涂色经验。

(2)物质材料：表面加工过的塑料瓶若干(每人一个)。

马克笔、水粉颜料、水粉笔等。

活动过程

1. 谈话导入，引发兴趣

(1)播放川剧变脸影像资料，幼儿欣赏。

(2) 通过提问，引发幼儿的兴趣。

师：你们知这段影像的内容叫什么吗？(变脸。变脸是川剧中的绝活。)

老师这儿也有一个变脸的表演，你们想不想看？

2. 展示作品，激发兴趣

(1)教师出示作品《新郎新娘》，教师一边念儿歌《我把你来变个样》，一边作动作表演变身，作品从前面看是新娘，瓶身转过180°，从后面看便是新郎。

我把你来变个样(儿歌)

饮料瓶，光又光，我把你来变个样。贴一贴，画一画，新郎新娘在两旁。这边看的是新郎官，那边看的是俏新娘。

(2)激发兴趣：你们知道老师的这个玩具叫什么吗？它是怎么做的呢？

——叫双面人偶玩具。

3. PPT 显示制作过程

取出一个已加工过的塑料瓶，一边显示，一边讲解：

(1)观察瓶子的形状，进行联想，设计画面内容。

(2)用铅笔在糊有白纸的瓶身上画出前后的分界线，将瓶身一分为二，成两部分。

(3)用铅笔分别在前后瓶身上画出人偶的头、身躯的位置，形成大致形状。

(4)确立之后，调整、修改大致形状。

(5)用马克笔沿轮廓线将大形确定下来。

(6)用小排笔在脸、身体、四肢、衣服等不同区域涂上不同颜色。

(7)加工、装饰，在要装饰的部位如裙边、衣襟等处添上金银线。

4. 巩固强化，制作步骤

刚才 PPT 显示的制作过程，你们都看清楚了吗？有谁能为大家说说老师是如何制作这个双面人偶玩具的？(复述制作过程，强化记忆。)

5. 迁移延伸，启发创造

师：除了老师制作的《新郎新娘》外，还有什么形象可以制作成双面人偶呢？

出示扑克牌中的花牌、动画片中的懒羊羊与美羊羊、真假孙悟空、七个小矮人等。

这些形象都有什么共同特征呢？

幼儿讨论。

教师归纳总结：这些形象都有大体形态上的相似之处，双面人偶就是利用这些特点进行加工制作的。

你们想不想有一个自己的双面人偶呢？老师这里为大家准备好了材料，让我们自己动手来制作一个吧。

6. 幼儿制作，教师指导

幼儿按照步骤自行操作，教师巡回察视，随机给需要帮助的幼儿予以提示和帮助。

7. 作品展示，欣赏评价

(1)请几个幼儿介绍自己的作品，说说各自最喜欢的作品，谈谈喜欢的原因。相互交流。

(2)以投票的方式选出本次活动最佳创意、最美人偶与最佳制作奖。对获奖幼儿给予鼓励，对全班提出希望。

附:

双面人偶图片

(图片来自武汉城市职业学院学前教育学院 2006 级学生作业)

六、环保手提袋

设计意图

环保型手提袋，以样式新颖、色彩艳丽、经久耐用，点亮着生活，日益被人们所接受和喜爱。为什么要使用环保型手提袋呢？什么样的手提袋才是真正环保的？孩子们不一定清楚。《纲要》艺术领域要求“指导幼儿利用身边的物品或废旧材料制作玩具、手工艺品等来美化自己的生活或开展其他活动”。本次活动以禁塑令展开，通过了解相关知识，使孩子们认识环保的重要性，引导幼儿用家中的废旧衣物进行改造，通过图案装饰变成环保手提袋，实践环保，体验创造的乐趣。

活动目标

（1）让幼儿热爱艺术，了解环保知识，主动参与同环保有关的艺术制作活动。

（2）帮助幼儿学会区分什么样的手提袋是属于环保型的。

（3）让幼儿能运用已有的美术知识和技能，创作出样式新颖、色彩鲜艳、富有创意的手提袋。

活动准备

（1）知识经验：学习过剪纸和图案的印制，知道简单的连续纹样和单独纹样的制作方法。

（2）物质材料：请家长合作，为幼儿准备一件穿旧了的夏季背心（每人 1 件），活动开展时带来。幼儿环保手提袋样品若干，手提袋 PPT 图片若干。制作用具：订书机、订书针、纺织颜料、油画棒、彩笔、胶棒、胶带、喷壶、报纸、剪刀等。

活动过程

1. 出示宣传资料

（1）引导观察：图片上的这些人在干什么？（领取环保型手提袋。）

（2）引发讨论：什么是禁塑令？为什么要禁止使用一次性塑料袋？（幼儿自由表述。）介绍禁塑令，讲解塑料袋对环境的危害，引起幼儿的重视。

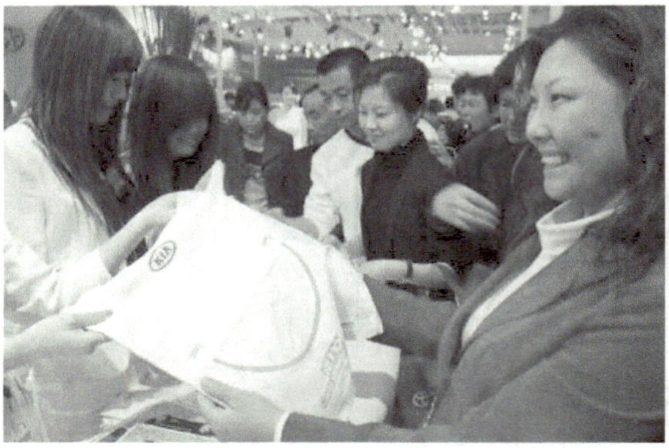

2. 提出困惑，引入课题

塑料袋的危害这么大，人们该怎么办呢？

(1)幼儿自由讨论，找出解决办法。

(2)教师归纳——用环保材料制作手提袋替换塑料袋。

①出示环保型手提袋样品，引导幼儿观察环保型手提袋所选用的材质，从而理解“环保型手提袋”的概念：

用可以降解材料制作成的；可重复使用。

②引导幼儿欣赏各种环保型手提袋的图片，感受环保型手提袋造型上的样式之美、图案装饰之美、色彩之美。

3. 展示制作，讲解方法

(1)制作步骤：

①取出旧背心，将背心里外翻面。

②将背心底边前后对齐，用订书机依次将底边订住订牢(代替缝合)。

③订完后再将背心翻回原样。

④展示。(背心的身躯部分成为袋身，肩部变为提手)

(2)激发创造：

师：老师的环保手提袋是做好了，但并没能装饰，我相信你们一定有好办法将我制作出的手提袋装饰得更漂亮。用我们的智慧为保护地球环境做一点贡献，从我们身边做起，为超市设计一款环保型手提袋吧，用行动号召更多的人使用环保型手提袋。小朋友们，你们愿不愿意呢？愿意就赶紧行动吧。

(3)提出设计、制作要求：

①装饰上可用剪纸图案(连续或独立)美化手提袋，可以用纺织颜料手绘手提袋。还可以用剪纸以喷刷的方式制作图案，既可以是单色的，也可以是彩色的，既可用油画棒，也可用彩笔。

②在提包外形设计上进行大胆的突破，制作出新、奇、特、与众不同的手提袋。

(4)幼儿操作，教师巡回指导。

4. 作品展示，欣赏评价

(1)教师将各组幼儿的作品集中展示，引导幼儿欣赏，评选出创造奖、精品奖、时尚奖。

(2)教师点评获奖幼儿在设计制作上的优点，并向幼儿祝贺。

活动拓展

(1)家园互动：将制作好的环保手提袋带回家，向家人展示，请家人帮忙将订书针改成针线缝，使手提袋更牢固。

(2)教师可以引导幼儿设计新式菜篮子，用来取代塑料袋。

(3)让幼儿为特定的场所设计手提袋，如为超市、书店、蛋糕屋设计手提袋等。

(4)鼓励幼儿寻找生活中的其他废旧材料，用来制作环保型手提袋，如旧窗帘、旧桌布等。

七、瘸腿的男孩

设计意图

在物质极大丰富的现代社会，孩子们对待贫穷是很陌生的，面对困难往往不知所措，更是缺乏克服困难的勇气，在他们看来物质与快乐、幸福分不开。教师通过艺术作品告诉孩子们事实并不完全如此，困难并不可怕，贫穷并非只与痛苦相伴。《指南》在教育建议中指出“创造条件让幼儿接触多种艺术形式和作品”。本次活动选择古典写实主义名画——《瘸腿的男孩》，带领幼儿欣赏，既符合本阶段幼儿的认知特点，其内容又是他们可接受的。《指南》在艺术活动对幼儿发展的价值中提到“艺术具有促进幼儿向善与益智的价值”；活动发挥艺术作品的直观性特点，通过作品的欣赏直扣心田，丰富幼儿的情感体验，唤起幼儿从善的心灵。

活动目标

（1）帮助幼儿对美术欣赏活动产生兴趣，并在活动中积极交流，勇于表达自己的想法。

（2）帮助幼儿乐于在教师的启发下仔细观察和思考，在感知的基础上了解画面内容，理解作品的内涵。

（3）通过欣赏活动，提高幼儿的认知能力，理解画家通过艺术作品所传递出来的思想和情感——做人要坚强，要以勇敢的精神、乐观的态度面对困难和挫折，做困难面前的勇士，做命运的主人。

活动准备

（1）知识经验：有运用对话法开展艺术作品欣赏的活动，了解四季的自然特征。

（2）物质环境准备：里贝拉的作品《瘸腿的男孩》1 幅；多媒体电脑，背景音乐；画纸、画笔、折纸剪纸材料与工具。

活动过程

1. 引导观察，启发讨论

在日常生活中，我们时常会遇到一些困难。面对困难时，你们的表现是怎么样的呢？（出示范画）今天，老师给大家带来一幅油画，我们一起来看看画上都画了些什么。幼儿讨论自由发表意见，教师归纳。

画面描绘的是一个十几岁的少年，一只手里拿着一个信封，另一只手夹着拐杖。他在干什么呢？

2. 深入观察，合理推测

（1）这个少年给你的第一印象是什么？你是怎么看出来的？

小男孩的衣着：又破又旧，大且不合身，颜色既脏又灰，我们推测一下这身衣服会是他自己的吗？如果不是他自己的，那又会是怎样的呢？——别人送的、自己捡拾他人不要的……总之不是他自己的。

深入思考：什么样的人会穿别人送的、捡拾他人不要的旧衣服呢？

（2）小男孩的身体动作：左手还拿着一支拐杖，右手还拿着一床旧毯子，腿一条粗一条细。——可能是一个身体有残疾的无家可归的流浪孩子。

（3）小男孩所处的环境：站在一片空旷原野上，草已经变黄了。说明少年在远行。

3. 感知画面表达的情感

师：如果你是这个小男孩，在这样的环境中你会怎样呢？那这个小男孩又是怎么样表现的呢？

（1）教师引导幼儿观察环境：旷野。

师：画面中草是什么颜色的啊？说明是什么季节呀？（黄色、秋天。）

为什么草是黄色的，不是绿色的呢？黄色让人联想到什么？绿色又让人想到什么？

幼儿自由讨论，教师归纳。

师：黄色让人联想到秋天，象征的是生命的枯萎；绿色给人的是一种生机勃勃的印象，而少年的生活处境是不是充满希望呢？

师：不是，别忘了他是一位腿有残疾的少年。

所以，我们的画家把草画成黄色，表达了画家对少年悲惨命运的同情和未来生活的担忧。

师：可少年是否与画家的想法一致呢？

（2）引导幼儿仔细观察小男孩的表情：他在笑啊。

让我们猜想一下，小男孩为什么开心？

推测一下，会是什么事能让一个腿有残疾的少年在艰难跋涉的路途中还这么开心？

幼儿讨论，自由发言。

归纳：他看到野外美丽的风景，他喜爱风景；他离目的地已不远了；他找到了希望。（手里拿的信封）

会是一封怎样的信呢？

猜测一：他帮别人送信，离到达目的地不远，快要完成任务了（成功的喜悦。）

猜测二：那信封里是一张免费晚餐券？（生活的满足。）

猜测三：那是一封推荐信，有了这封信，他就可以得到一份能养活自己的工作。从画面中你能看出少年是个怎样的人吗？（对未来的憧憬。）

幼儿自由讨论，教师归纳。

小结：画中是一位身体有残疾的无家可归的少年，正在按信封上的地址，或在秋天的旷野中，拄着拐杖，拖着疲惫的身躯艰难跋涉，前往目的地。或许他并不知道信的内容，他只是想：等我送达了这封信，信的主人会赏给我一顿丰盛的晚餐，或者因为这封信，主人会给我一份合适的工作，以后我就不会再为吃饭发愁了。

(3)组织幼儿分组讨论：你认为作者为什么要画这幅画？

教师轮流参与各组讨论，然后小结。

师：作者是要告诉我们小朋友越是在困难时期越不能丧失信心与希望，只有直面困难，用自己的努力战胜困难，才会赢得灿烂的明天。

活动延伸

如果画中的少年得到的是一份工作，你能为他做些什么呢？比如：为他设计一身合适的衣服，送他一双鞋或一顶漂亮的帽子……用画笔把你的想法画出来。

活动拓展

(1)区域活动：在美劳区里将个人设想出的故事结局用绘画的形式表现出来。

(2)语言活动：根据画面展开想象，编一个完整的有起因、经过、结尾的故事。

(3)音乐活动：选择合适的音乐为故事的讲述配背景音乐。

(4)家园互动：为家人讲述一个坚强孩子的故事。

附：

《瘸腿的男孩》

八、梦

设计意图

不同艺术家风格不同，同一艺术家也有不同风格的作品；而不同的艺术风格的作品欣赏的方式是大不一样的，让孩子们从小接触不同风格的作品，对开阔他们的眼界、提高他们的艺术感受力具有很重要的意义。“喜欢欣赏多种多样的艺术形式和作品”是《指南》艺术领域目标之一，教育建议中提出，“(教师要)创造条件让幼儿接触多种艺术形式和作品。”本次活动正是基于上述目标及要求而设计的。活动选取毕加索《在红色安乐椅上睡着的女人》，这件以宁静、优美著称的作品，通过教师引导下造型语言的分析，让幼儿感受作品的温馨恬静之美，通过对比体验艺术家不同风格的作品，开阔幼儿的视野，丰富他们的艺术表现经验。通过模拟画将感受付诸画面，实现从知识经验到表现方式方法上的提升。

活动目标

(1)让幼儿乐于参加欣赏活动，愿意在老师的引导下深入了解作品，感受作品的艺术魅力。

(2)帮助幼儿学习绘画作品的欣赏方法，通过造型语言的分析感受画面。

(3)让幼儿初步领略作品《在红色安乐椅上睡着的女人》所表达的温暖、恬静、舒适的感觉，体验作品的意境。

(4)帮助幼儿尝试将学到的表达方式用在自己的作品中。

活动准备

1. 知识经验：有过欣赏毕加索的绘画作品《格尔尼卡》的经验。

2. 物质环境：毕加索的绘画作品《在红色安乐椅上睡着的女人》以及《格尔尼卡》图片各一幅，录音机 1 台，轻音乐磁带 1 盘，绘画材料(画笔、颜料)若干(每个幼儿 1 套)。

活动过程

1. 整体感受

(1)出示毕加索的作品《在红色安乐椅上睡着的女人》，师幼共同欣赏。

(2) 毕加索简介。

师：这件作品与你们熟悉的《格尔尼卡》的作者是同一个人，他就是毕加索。谁还记得这个画家呢？能说说毕加索吗？

(3)师幼儿交流。

师：画家画了一位什么人？(阿姨。)

师：你怎么知道她是位阿姨？(引导幼儿观察画面人物的头发、衣着、体态)她在做什么？(睡觉。)阿姨是怎样睡的？(放松。)给你什么感觉？(也想睡觉。)

2. 进一步观察并近距离欣赏作品

(1)观察线条，感受造型语言。

①导语：你是从哪儿看出她在睡觉的？

引导幼儿观察画家用弧线来画阿姨闭着的眼睛，用曲线表现出阿姨睡觉的自然姿态。

②提问：画面中除了眼睛用弧线表示外，还有哪儿用了曲线？

引导幼儿观察画家用弧线画出柔软的沙发，使人觉得阿姨睡在上面一定很舒服。用起伏的流畅的曲线画出阿姨的肩膀、胳臂、手，表现出阿姨放松的睡眠状态。

(2)观察色彩，理解色彩情感表达。

教师导语：我们欣赏了画面中的线条，画面中画家都用了些什么颜色？这些颜色给了你什么感觉？

引导幼儿观察：画中软软的沙发、美丽的窗帘都用的是红色，给人以温暖的感觉；画中书是黑色的，阿姨身上的衣服是白色的，似乎能让人感受到在温暖舒适的环境下阿姨的宁静、安详的心境。

(3)综合归纳。

①导语：刚才我们欣赏了画面中的线条、色彩，由线条和色彩构成的画面又给了你怎样的感觉呢？

②引导幼儿整体感悟：这幅画是线条和色彩的自由组合，画家用多种曲线表现了阿姨的形体美、睡姿美；画面用红色营造出的暖调子给人以温暖舒适之感；在暖调的大环境中运用对比突出人物宁静安详的心境，使人整体感觉很舒服。

3. 意境体验

(1)导语：我们一起来体验这种感觉，请小朋友们一边听音乐，一边学阿姨的样子，摆出一个舒适的姿势，进入甜美的梦乡。

(2)播放轻音乐，让幼儿在音乐中感受画面的意境：阿姨睡觉时脸上的表情安详、放松、甜蜜，让人受到感染，产生也想睡觉的感觉。

(3)教师提问：刚才你们是不是也想进入甜蜜的梦乡，做一个美好的梦？我们给这幅画起一个什么合适的名字呢？(幼儿各自表述。)

教师综合幼儿的意见，为这幅画起名为《梦》。

4. 合作创造

(1)教师请幼儿自由组合，两个幼儿一组，轮换做模特，轮换当画家，进行写生画：《我们的梦》，鼓励幼儿大胆用线条和色彩表现。

(2)教师提示：模特要摆出甜蜜的姿势来，画家要画出甜美的感觉来。

5. 作品展示

教师将幼儿的作品集中在一起展示，引导幼儿评价：谁做的姿势像是在做甜蜜的梦？谁画出了甜蜜的感觉来？

附：

《在红色安乐椅上睡着的女人》

九、美丽的圣诞树

设计意图

圣诞节是孩子们喜爱过的西方节日。过圣诞节离不开圣诞树，可节日里砍伐树木用于圣诞节的装饰布置，一直是西方人头疼的一件事情，备受环保人士的指责。《纲要》要求幼儿园要“利用身边的物品或废旧材料制作玩具、手工艺品来美化自己的生活或开展其他活动”。本活动旨在通过游戏唤起大家对环保的重视，通过参与环保活动，激发幼儿自主探索用环保材料制作、装饰圣诞树，将环保理念内化为行动，用行动实践环保就在身边的理念，同时借助活动促进幼儿手眼的协调以及手部精细动作的发展，提高他们的创造能力。

活动目标

(1)让幼儿喜爱参加艺术活动，感受创造的乐趣。

(2)帮助幼儿学习制作圣诞树，树立环保意识，用实际行动支持环保事业。

(3)帮助幼儿探索圣诞树的制作方法，尝试运用所学美术知识装饰美化圣诞树，提高孩子们创造美的能力。

活动准备

(1)知识经验：学习过剪纸，能熟练运用剪刀。

(2)物质材料：录音机 1 台，歌曲《铃儿响叮当》的磁带 1 盘，各色卡纸、剪刀、铅笔、橡皮、白乳胶、彩色线等。

活动过程

1. 谈话导入

圣诞节快要到了，每年圣诞节我们都要准备一棵圣诞树，今天我们就来谈谈“圣诞树”这个话题。

圣诞节由来：

(1)出示圣诞树图片，介绍圣诞树的历史以及圣诞树的由来。

(2)讨论圣诞节引发的环境问题：

每年因为圣诞节，世界各地要砍伐大量的树木，装饰成圣诞树，造成对环境的破坏……我们能不能想出一个两全其美的办法呢？既可以过一个欢乐的圣诞节，又不用砍伐树木。

幼儿讨论，归纳总结：用环保材料制作圣诞树取代真正的圣诞树。

2. 认识环保材料

幼儿讨论并得出结论：用卡纸制作的圣诞树与塑料圣诞树相比的优越性是材料能降解，无毒无害无污染，材料获取容易，成本低。

3. 探索环保圣诞树的制作方法

(1)教师展示卡纸，让幼儿初步感知材料的性能。

圣诞树要摆放，就必须得使卡纸竖起来，哪位小朋友有办法解决这个问题呢？

(2) 探索使卡纸能立起来的方法：

让幼儿尝试自己的方法，在教师的帮助下使用折叠、插接等办法实现。

师：能使卡纸竖起来就好办了，下面我们又该怎样制作呢？

幼儿讨论制作方法，自由发言。

(3)提示方法，演示局部制作。

方法一：

①取全开绿色大卡纸三张，叠放之后将长边与长边对折，折出折痕打开，在上下两张的折痕处抹上白乳胶粘贴到中间一层上的合适位置。

②粘牢后，还原到对折状态。

展示半成品：

师：做到这一步之后，下边你们会做了吗？

(只要以折痕为对称轴用铅笔在上面画圣诞树一边的形状，沿铅笔痕迹剪出树形，去掉多余部分，圣诞树便制成了)

方法二：

①出示用卡纸剪好的树形，两张形状、颜色、大小相同。

②从垂直中线处对折，折出折痕，展开树形。

③取一张卡纸，从底边沿折痕剪开至树高二分之一处；取另一张卡纸，从顶部沿折痕剪开至树高二分之一处。

④将第一张卡纸开口从第二张卡纸顶部插入，呈十字交叉，圣诞树即制成。

师：圣诞树到这一步就完成了吗？对，没有，还需装饰。

4. 激发制作，启发创造

师：其实，做圣诞树有很多的方法，你们能否想出更好的方法呢？或者，你们有没有更新的装饰圣诞树的方法？(提示：如挂拉花、粘贴剪纸、悬玩偶等。)

想试试吗？那就赶快行动吧。

5. 幼儿制作，教师指导

(1)提出操作要求：

①自由组合，找好搭档，两人合作完成一棵圣诞树的制作与装饰。

②注意剪刀的安全使用。

③制作的边角料、废纸要随手放入垃圾桶里，保持桌面的整洁。

(2)幼儿在音乐声中操作，教师巡回指导。

6. 作品展示，欣赏评价

(1)将幼儿制作完成的作品收齐，放于展示区，相互欣赏。

(2)开展“夸夸我的同伴”的游戏，寻找同伴作品中的闪光点，分享成功的经验。

(3)在作品区拍照留影。

活动拓展

社会领域：圣诞节前开展手工圣诞树的义卖活动，把筹集的钱捐给福利院中的老人和孩子用于圣诞节的环境布置，或把筹集的钱用于购买树苗，栽种于园区，绿化幼儿园。

附：

圣诞树图片

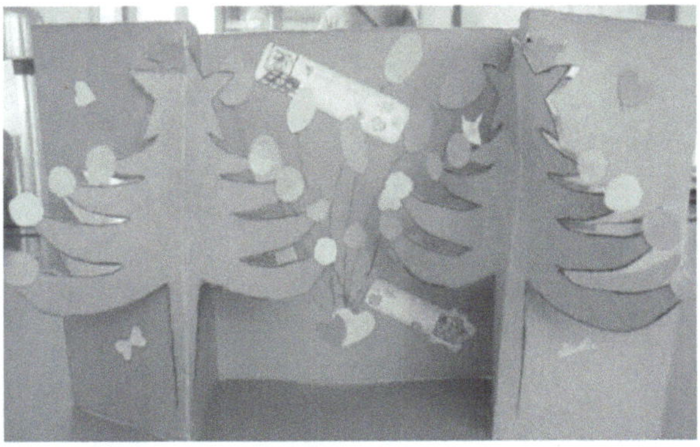

（以上两幅图片为武汉城市学院学前教育学院2006级学生作业）

大班（下）

一、母亲节的礼物

设计意图

每年五月的第二个星期日是母亲节。母亲节是弘扬母爱的节日，也是孩子们对母亲表达感恩的日子。每逢母亲节，人们都要为母亲送上一份礼物，或献上一束康乃馨，或奉上一个亲吻，或说一句贴心、祝福的话。本次活动以母亲节为契机，指导幼儿画一幅画作为送给母亲的礼物。在任务的引领下，帮助幼儿回忆和妈妈、奶奶或外婆相处时难忘的情景，重温人世间美好的母爱，用绘画的形式表达对亲人的感激、对长辈的敬爱。

活动目标

(1)喜爱艺术，愿意参加艺术活动，在活动中运用自己熟悉的方式大胆表达情感。

(2)知道母亲节是妈妈、奶奶和外婆等普天之下所有母亲的节日，理解母亲节的意义。

(3)重温亲情，表达对妈妈、奶奶或外婆的感激和对长辈的敬爱。

(4)学习情节性绘画的表现方法，初步掌握表现空间的重叠法，发展绘画的能力。

活动准备

(1)知识经验：开展过命题简笔画活动，有过命题画创作的经验。

(2)物质材料：请家长帮忙准备一张幼儿与妈妈、奶奶或外婆的合影照片。

教师范例。

绘画材料及工具：铅笔、马克笔、彩笔、画笔、水粉颜料、油画棒若干。

活动过程

1. 谈话导入课题

师：小朋友，你们知道每年五月的第二个星期日是什么节日吗?

(请幼儿回答。)对，是母亲节。那么，母亲节是谁的节日呢?

(妈妈。)对，是我们的妈妈的节日，也是妈妈的妈妈的节日，也是爸爸的妈妈的节日，是天下所有妈妈的节日。

师：你们知道为什么要设立母亲节吗？谁能说一说？

(幼儿自由交流。)

小结：母亲不仅生育、养育了我们，担负着照顾家庭的重担，同时在社会的建设和国家的发展中也作出了重要贡献。设立母亲节，就是要让全社会认可母亲在家庭中的地位以及在社会上的重要价值；设立母亲节，就是要表达对母亲的敬重，对母亲为家庭、为社会做出牺牲的感激，并弘扬伟大的母爱。

2. 作品欣赏，激发兴趣

(1)出示范画，请幼儿欣赏。

师：画面上有几个人？(三个。)她们是谁？在干什么？都是什么样的表情？作者为什么要画这幅画？

(幼儿根据画面讨论。)

(2)教师介绍画面内容：这是我的作品。画面中年轻的就是我，另外两个人是我的妈妈和外婆。我们三人是不是很相像啊？妈妈很爱我，外婆更是疼爱妈妈和我，你们看，我们三个人笑得多么开心！这是我和妈妈、外婆相聚在一起的温馨时刻。为了感激外婆和妈妈对我的疼爱，我画了这幅画，作为母亲节的礼物送给她们。

(3)激发作画兴趣。

师：如果你愿意，也可以画一幅画，作为母亲节的礼物，表达你对妈妈、奶奶或者外婆衷心的祝福。

3. 交流讨论，启发构思

(1)师：小朋友，在你的记忆中，有没有和妈妈、奶奶或者外婆相处时难忘的事情？能说给大家听吗？

(幼儿讨论。教师点几位幼儿讲述。)

教师小结：或许像这样的事情你们的妈妈、奶奶或者外婆都已忘记了，而你却记得那么清晰。如果把这样的事情画下来送给她们，让画作唤起她们尘封的记忆，让她们分享回忆的快乐，这不是母亲节最好的礼物吗?!

(2)进一步引导。

师：所谓“难忘的事情”，可以是令你最感动的事情，也可以是你感到最温馨的时刻，还可以是你觉得最有趣的事情，甚至可以是令你最后悔的事情。画面可以是两个人，也可以是三个人，或者是更多的人，但必须是与事情相关的人。

4. 讲解作画的方法及步骤

(1)先想好你要画的是一件什么事情，涉及这个事情的是几个人，画面的背景是什么。想好这些后就确定下来，不要随意改变了。

(2)再用铅笔构图，确定人物的大致位置和大小比例，把主要人物放在画面相对中心的地方，要尽量画大，抓住最具代表性的特征及神态，必要时可采用夸张变形强化动作；画面人物要避免“一字排开”，以免单调乏味，要注意画出物象之间的位置关系，两个或两个以上人物位于前面的画完整，后面的只要画出未被遮挡的部分来。

(3)然后用马克笔将画面确定，上色时要先着浅色，后着深色，要等第一遍颜色干透后再涂第二遍颜色。

(4)在空隙较大的地方画出环境和背景以丰富画面；在空白处签上自己的名字，写上祝福的话语。

(5)教师要预想到幼儿对人物形象的设计，特别是要表现出成人不同的年龄层次还有一定的困难，提示幼儿可以取一张自己与妈妈、奶奶或外婆的合影照片作为借鉴来作画。

5. 幼儿作画，教师巡回观察、辅导

(1)分发作画工具，鼓励幼儿画出具有个性化的作品来。

(2)幼儿作画，教师巡回观察，关注能力较弱的幼儿是否遇到困难，并在必要时给予具体的辅导。

6. 展示作品，欣赏交流

(1)教师将幼儿的作品收集起来展示于活动室内。开展游戏“猜猜我画的谁”，引导幼儿欣赏同伴的作品。

(2)请个别幼儿一边介绍自己的作品，一边讲述作品背后的故事，与同伴分享自己的感情经历。

(3)教师对这次绘画活动作出总体评价，对幼儿的作品予以激励和肯定。

活动拓展

将幼儿的作品集中起来，并在画幅下配上故事，举办一个“带故事的画展”，或布置一个以母爱为题的主题墙。

二、小蝌蚪找妈妈

设计意图

《小蝌蚪找妈妈》是孩子们耳熟能详的童话故事。故事中的小蝌蚪历经波折，执着寻找妈妈的故事，深深地打动着孩子们。进入大班之后，孩子们各方面能力都有很大提高，经常听见孩子们用他们那稚嫩的声音生动地讲述着这个故事。《纲要》要求"能用自己喜欢的方式进行艺术表现活动"。基于上述要求，教师可根据幼儿的兴趣，将语言活动延伸成艺术表现活动，通过手工制作将故事的表现形式从平面提升到立体，既开拓了幼儿的视野，也让幼儿体验了艺术表现的多样性，扩展了幼儿的艺术表现形式。活动要摒弃单纯艺术技能的学习，要以幼儿能力出发，借助作品的欣赏，唤起幼儿们的艺术表现的潜能，激发他们的表现欲望，让幼儿自主自愿选取自己喜欢的童话故事，借助平板电脑等多媒体设备的查询功能，让孩子们在制作的过程中学习所需要的折纸技巧。活动不仅整合了构图、色彩配置、线描等多种美术技能，多媒体设备的运用更是拓展了幼儿自主学习的方式。将学习过程中单独的个体操作，演化为集体协作的活动，丰富了艺术活动的组织形式。让孩子们在艺术创作的过程中学习知识，学会合作，体验成功。

活动目标

(1)让幼儿喜爱艺术，乐于参加各种形式的艺术活动。

(2)帮助幼儿感受小蝌蚪对对亲情的渴望，对妈妈的爱；激发幼儿爱妈妈、爱长辈的情感。

(3)帮助幼儿学习根据情节构成画面，学会运用平板电脑等多媒体设备自主学习。

(4)培养幼儿的集体协作精神。

活动准备

(1)知识经验：幼儿对小蝌蚪的蜕变过程已有了解。

(2)物质材料：手制折纸故事书《小蝌蚪找妈妈》。

制作过程 PPT。

折纸故事书以及配套的单个折纸示意图若干，长方形的彩色纸若干。

(3)环境准备：每人一部平板电脑。

活动过程

1. 回忆经历，重温故事

师：小朋友们都爱自己的妈妈，在生活中你们有过像《小蝌蚪找妈妈》这样的经历吗？请你们说说。

老师认识一位小朋友，他是《小蝌蚪找妈妈》的忠实粉丝，不仅爱故事，而且还喜欢自己制作《小蝌蚪找妈妈》的故事书，今天我就把他制作的书带来了，你们想看看吗？

2. 展示故事书，引导观察

展示折纸故事书《小蝌蚪找妈妈》。

师：你们有没有发现这本书有什么特别之处呢？对，它是一本由折纸造型制作完成的书。想知道它是怎么制作成的吗？

3. 演示过程，学习制作

PPT展示制作过程，边展示边讲解：

(1)将故事按情节分成若干幅画面。

(2)将书中出现的形象及数量一一列出，然后依次将其折出。

(3)根据情节将折出的造型粘贴于画面上，完成一幅后再用同样的方法完成其他，直至全部。

(4)将每一幅画按故事发展的先后按顺序排列整齐，粘上封面封底，用订书机装订成册。

4. 谈话讨论，激发兴趣

师：书中所出现的许多动物、植物造型的折纸方法，你们大多学过，也会制作。那么，你们是否也想做一本像这样的书来呢？或许有小朋友更喜欢《小马过河》、《乌鸦喝水》的故事，你们同样也可以用老师的方法将自己喜欢的故事制作成一本折纸书。有人可能要问了，书中有很多的造型，一个人恐怕难以完成，如果有动物形象不会折怎么办？

(公开讨论、自由发表意见。)

教师提示：可以全班合作完成一本书的制作啊，还可借助电脑搜索自己不会做的折纸造型的折制方法，边学边做。

5. 任务分配，方法指导

选定故事，幼儿以小组为单位自主协商，按故事情节将故事分成若干副画面。根据画面的数量，将任务分配给小组的每位成员，每位小朋友完成其中一部分，最后粘贴组合成书。

强调组合过程中的注意事项：

(1)画面中主要角色要尽量放在中心位置。

(2)先确定主角的位置，粘贴后，再考虑荷花、荷叶等背景和陪衬，并注意画面颜色的搭配。

(3)展现的顺序应符合故事情节的发展。

6. 幼儿活动，教师巡视指导

帮助有需要的幼儿。

7. 作品欣赏，展示评价

(1)传阅书籍，幼儿互相观摩、交流，评价哪一组、哪一页做得最好、最漂亮。

(2)教师请每个幼儿从花篮里拿一朵小红花，把花送给自己认为最好、最漂亮的那一页的制作者。

(3)教师点评。肯定幼儿的付出及参与，表扬优秀，鼓励进步，提出希望。

活动拓展

(1)家园互动：鼓励幼儿回家之后和家长一起大胆地将一些简单的童话、寓言故事如龟兔赛跑、乌鸦和狐狸、小白兔拔萝卜等制作成折纸故事书。

(2)区角游戏：鼓励幼儿在美劳区自己学做折纸新形象，根据形象编故事，并粘贴成折纸书投放于图书角，供幼儿阅读，在表演区一边讲故事一边展示书。

附：

折纸故事书《小蝌蚪找妈妈》

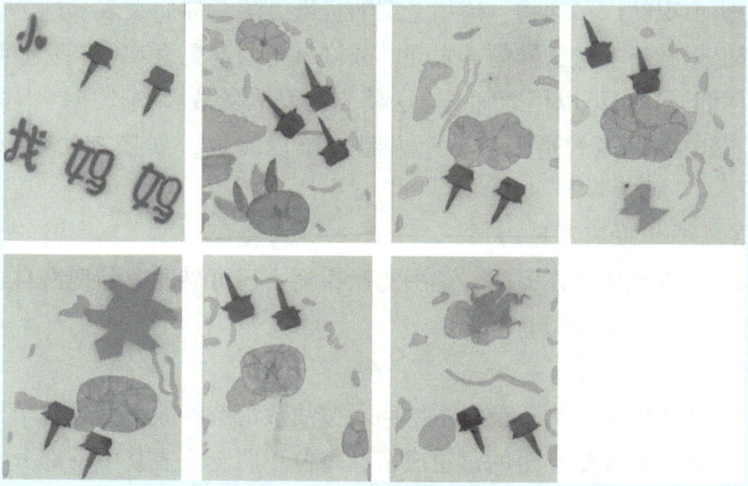

（以上图片来自：武汉城市职业学院学前教育学院06级同学的作业，作者：扬琴）

三、我给自己当模特

设计意图

古今中外很多大画家都为自己留了下不朽的肖像画作品。这些作品不仅是他们高超的艺术技巧的体现，更是他们精神、气质传神的表达。《指南》建议“创造条件让幼儿接触多种艺术形式和作品”。本次活动通过引导幼儿欣赏世界著名的肖像画大师的自画像作品，感受经典艺术的魅力，了解自画像的特点和作画方式，进而激发他们作画的兴趣，给自己当模特，尝试画自画像，学习用艺术的眼光发现自己，表现对自我的认识。

活动目标

(1)让幼儿喜爱艺术，乐于参加艺术活动。

(2)帮助幼儿欣赏自画像名作，感受自画像的艺术魅力。

(3)帮助幼儿了解什么是自画像，知道自画像的特点和作画方式。

(4)帮助幼儿尝试学画自画像，画出自己的特点，表现对自我的认识。

活动准备

(1)知识经验：幼儿有过欣赏油画的相关经验。

(2)物质材料：名作 PPT 若干，登记照 PPT1 张。

请家长协助活动前为幼儿准备一个镜面稍大点的梳妆镜带到班上。绘画、铅笔、彩笔(或油画棒)、纸等若干。

(3)环境：多媒体设备。

活动过程

1. 导入活动

师：小朋友，你们还记得我们以前欣赏过油画人物肖像作品吗？今天老师请大家再看看以下几幅肖像画，用你们敏锐的眼睛找一找这几件作品与我们以前所见过的作品有什么不同。看谁的眼睛最亮。

2. 欣赏画家的自画像

(1)PPT 展示《凡·高自画像》和《伦博朗自画像》的图片。

(2)师幼儿交谈:

师:绘画作品分为一般风景画、静物画、动物画和人物画等几种,这两幅画属于什么画?

(人物画。)你喜欢这两幅画吗?为什么?

(幼儿根据观察的感觉自由讲述。)

教师小结:这两幅画有着共同的特点——逼真、传神,富有色彩美,特别是人物的眼睛,都各自画出了独特的神采。

(3)引导幼儿初步了解肖像画的特点。

师:这两幅画中除画有人物形象外,还画了其他东西和物件吗?

(没有,只有人,而且是一个人。)

3. 初步观察了解肖像画

(1)师:这与我们平时在照相馆照的什么照片相似?

展示一张登记照片让幼儿对比观察。(登记照片。)

师:登记照片是用照相机拍摄的,而这两幅画是用画笔画出来的。它和登记照片一样没有背景事物或只有很简单的背景,画面以表现人物的神情、动态为主,以追求写实、逼真为目标。这种绘画形式我们叫它肖像画。

(2)介绍肖像画。

师:由于使用的工具材料的不同,肖像画有用铅笔、木炭笔画的素描肖像,有用油画颜料绘制的油画肖像,还有用国画描绘的工笔肖像,等等。其中表现力最强的就是我今天为大家介绍的油画肖像。

4. 深入观察进一步认识自画像

再次展示登记照片,与肖像画对比观察,引导幼儿从人物的姿势、面部和眼睛等方面发现二者的不同:

登记照片上的人物是正面姿势,面部端正,双目直视前方;出示的肖像画上的人物是侧面姿势,面部微侧,双目斜视前方,给人以神秘的感觉。

师:为什么这两幅油画肖像画的都是侧面姿势呢?

师:原来这是画家的自画像。一幅是荷兰画家凡·高的自画像,另一幅是荷兰画家伦博朗的自画像。

自画像,顾名思义就是自己给自己画的肖像。

教师拿出镜子一边比画模仿画家的动作,一边讲解。

师:画家在身体的一侧摆放一面大的立镜,左手拿调色板,右手拿画笔,身体前方放置画架,一边看镜子里面的自己,一边给自己画像,这样画出来的肖像当然就是侧面像了。

5. 引发兴趣

师：小朋友们，你们想不想用画家的办法为自己画一张自画像呢？如果想，那就行动起来，为自己当一回模特，画画我们自己吧！我们每一个人在这个世界上都是独一无二的，我们对自己的特征也是最了解的，只要把这些特征突出表现出来，就可以了。

6. 尝试给自己画肖像

(1)教师讲解作画的步骤和方法。

(2)幼儿按照教师讲解的步骤和方法，在绘画纸上用铅笔和彩笔作画。

(3)在幼儿作画的过程中，教师巡回观察，适时给幼儿予以指导和帮助。

7. 互相交流，欣赏作品

(1)请幼儿跟邻座的同伴互相交流并欣赏作品，互相指出优点和不足，取长补短，共同总结经验教训。

(2)教师将幼儿的作品集中展示(隐去幼儿的姓名)，组织幼儿进行“猜一猜，我画的是谁”的游戏，让幼儿根据画面指认画的是哪个小伙伴。

活动拓展

为孩子们筹备一个自画像展，展示幼儿们的作品。

附：

1. 凡·高自画像

2. 伦勃朗自画像

(图片摘自:http://image.so.com/v?ie=utf-8&src=hao_360so&q=%E5%90%8D%E5%AE%B6%E8%87%AA%E7%94%BB%E5%83%8F&correct=%E5%90%8D%E5%AE%B6%E8%87%AA%E7%94%BB%E5%83%8F&cmsid=100f145c993bb45ad83c909da103c9f2&cmran=0&cmras=0&cn=0&gn=0&kn=)

四、菠萝乌龟

设计意图

夏季是“水果的季节”，丰富的上市水果带给人们味蕾享受的同时，也激发出了人们的艺术灵感。《纲要》提出：“引导幼儿接触周围环境和生活中美的人、事、物，丰富他们的感性经验和审美情趣，激发他们表现美和创造美的情趣。”本次活动老师要以“应物象形”的手法，利用已切好的菠萝的表皮特征，将其制作成乌龟的造型，在带给幼儿视觉上的惊奇和心灵的愉悦之外，实践“在生活中发现美，在发现与创造美”，让幼儿感受艺术美的魅力。

活动目标

(1)让幼儿喜爱艺术，愿意参加艺术活动，乐于发现和感受生活中的美。

(2)帮助幼儿认识造型中的对称关系，掌握最基本的果蔬造型方法——插接。

(3)学习制作菠萝乌龟。

活动准备

(1)知识经验：认识乌龟，有饲养过乌龟的经历。

(2)物质材料：菠萝、菠萝的叶子、小番茄、黑豆，牙签等。苹果、梨等水果若干。教师示范材料：半块菠萝、小番茄、黑豆、牙签、大头针(1 套)。幼儿操作材料：(教师为每个幼儿各准备)小番茄 2 个、泡好的黑豆 2 颗、牙签 4 根、大头针 2 根。

活动过程

1. 谈话导入活动

(1)师：小朋友们，你们爱吃水果吗？你们都喜欢吃哪些水果呢？吃水果都有什么好处？(幼儿自由讲述。)

师归纳：大多数水果不仅气味好闻，而且味道甜美，富含人体所需的多种维生素、微量元素和矿物质。小朋友们多吃水果，不仅能促进身体健康，而且会使你们越来越聪明、越来越漂亮。老人多吃水果还能预防多种疾病，延年益寿。

(2)老师继续提问：那你们知道什么动物最长寿吗？(乌龟。)

展示乌龟的图片 PPT。

乌龟是什么样的呢？(引导幼儿观察。)它们的家又在哪里？

(幼儿自由讲述。)

师一边用手指画一边归纳：乌龟身体是椭圆形的(用手指画乌龟头部到尾部)，背上有一大甲壳，甲壳中部向上稍稍隆起，上面有甲纹。乌龟头大体呈椭圆形，皮肤较光滑，后部有幼小的鳞。它腹部的甲壳平坦。颈部、四肢及裸露皮肤部分都是灰黑色或黑橄榄色。乌龟是水陆两栖动物，既可以在水里生活，也可以在陆地上活动。每年冬天乌龟就潜入池底淤泥中或静卧于覆盖有稻草的松土中冬眠。乌龟是少数比人类长寿的动物之一，它的自然生命周期为 150 年左右。

(3)儿歌诵读。

教师带领幼儿诵读儿歌《小乌龟》，帮助幼儿巩固对乌龟外形特征和生活习性的感知。

小乌龟(儿歌)

小乌龟，背甲胄，甲壳上下有纹路。头能伸缩尾巴短，身上皮肤黑黝黝。既能潜入水里游，又能来到地上走；水里游动轻轻划，地上走动慢悠悠。遇到困难就缩头，没谁比它更长寿。

(4)师导入讲述：小乌龟温和淳静、小巧可爱，今天老师就要用几种水果制作一个水果乌龟。看好了，老师就要开始做了。

2. 教师示范讲解菠萝乌龟的制作方法

(1)教师出示半个菠萝，引导幼儿观察。

问：这半个菠萝与乌龟有什么关系呢？

(幼儿通过观察、思考讲述。)

启发：菠萝凸凹不平的表面像什么？(乌龟壳。)

我们就以半个菠萝当作乌龟的身子，做一个菠萝乌龟。

(2)教师边与幼儿交流，边引导幼儿思考，并掌握操作方法：

①出示一个小番茄，引导观察。

师：这个小番茄与乌龟的哪个部位形状相似呢？可以用来做乌龟的什么部位？

(头部。)

进一步观察。

师：用它作头部，上面还差什么？

(眼睛。)眼睛又可用什么做呢？

出示两颗黑豆，边做边讲解。

师：可以用黑豆做乌龟的眼睛。老师已经把黑豆用开水泡软了，现在我们把两根大头针分别穿过两颗黑豆，并左右对称地插入小番茄较圆一头上。那么有一对眼睛的乌龟头就做成了。

（教师顺便介绍手工制作的“插接法”；用像大头针或牙签等带尖头的东西插入两个物体，使它们连接起来，从外表上看连成一体，我们将这种连接的方法叫做插接法。）

那么乌龟的头如何安在乌龟的身子上呢？我不说，大家也一定知道了。只不过这时我们用的插接材料不是大头针而是牙签了。

提示：用牙签的一头插入小番茄，另一头固定于半边菠萝正前方，在中部靠上的位置，使它与菠萝背部的水平线形成 30 度角。

②引导观察：将半成品的菠萝乌龟展示给幼儿。

师：这像不像乌龟？还不大像。还差什么？乌龟的脚。

乌龟身体上有几只脚？四只。

乌龟的脚还用什么做呢？

出示两个大小相同的小番茄，边做边讲解。

师：老师用小番茄做乌龟的脚，你们可要看仔细哟。我们用小刀纵向把小番茄切成两半，展示半个小番茄。这像不像乌龟的脚？其他两只你们会做了吗？

示范腿的插接方法：

将切开的半个番茄用牙签固定在菠萝前半部左下方，眼睛看着左边的番茄，用手指找出右边的对应位置，将另外半个固定于手指处，再将所剩的两个小番茄用同样的方法固定于菠萝后半部的下方。

注意：固定时两边腿的位置高度要基本一致，两边两腿之间的距离要大体相等，保持对称。

③制作乌龟的尾巴。

将基本成形的菠萝乌龟展示给幼儿看。

师：到此为止，乌龟是否制作完成了呢？如果没有，那还差什么呢？

（乌龟的尾巴。）

师：乌龟的尾巴用什么做呢？开动脑筋想想办法吧。

动作提示：出示一片菠萝叶子的尖角。

师：把一片菠萝叶子的尖角用牙签固定在半边菠萝后部。这样，一个菠萝乌龟就完成了。

④观察调整作品。

检查一下菠萝乌龟还有哪里还不够完美。检查插接牢不牢固。检查眼睛、腿对不对称。

（3）激发制作。

师：老师怎么做的菠萝乌龟你们都看清楚了吗？你们学会了吗？其实，可以用来制作乌龟的水果不仅只有菠萝。你能找到其他材料，用今天学到的方法，也做一个乌龟来吗？把它作为礼物送给自己最要好的小伙伴吧。让我们赶快行动起来。

3. 幼儿制作，教师提示注意事项

（1）为保证幼儿安全，教师要将水果对切成两半，与穿好大头针的黑豆一并放于桌面上幼儿伸手可取的地方，请幼儿动手制作菠萝乌龟。

（2）提醒幼儿用穿好大头针的黑豆和作乌龟头的小番茄连接的时候，要小心操作，没有把握的幼儿可以请老师帮助，不要让针头扎着手了；提醒幼儿制作完成后检查接插的乌龟眼睛、四肢是否对称，是否牢固。

（3）幼儿操作，教师巡回检查，并随时给予指导。

4. 集中展示、分享作品

（1）教师请幼儿将自己的作品集中摆放在展台上，供大家交流和欣赏。

（2）教师小结本次活动，对表现好的幼儿给予鼓励，对表现不足的幼儿提出希望。

活动拓展

（1）鼓励幼儿自己寻找其他颜色、形状适宜的水果和蔬菜，用来制作果蔬乌龟。如用形状适合的土豆做乌龟的身子，上面画上龟甲的花纹；用葡萄做乌龟的头和腿等。

（2）鼓励幼儿发挥想象，利用水果、蔬菜的某些特征，制作其他动物形象。如用黄瓜、苦瓜制作鳄鱼的形象等。

五、旧鞋改造 DIY

设计意图

在家庭中，随着孩子的不断长大，每年总有几双不是旧了就是破了、小了不能穿的鞋需要处理。这些鞋子，要么当垃圾扔掉，要么就堆积在家中。教师收集一些旧鞋子，经过清洁消毒后，改造成了几个卡通形象，幼儿们很喜欢，觉得很好玩，也很有兴趣，产生了跟老师学做的想法。《纲要》要求“指导幼儿利用身边的物品或废旧材料制作玩具、手工艺品等来美化自己的生活或开展其他活动”。本次活动正是为实现上述目标而设计的。教师以自己作品的艺术魅力打动幼儿，引导幼儿在旧鞋子上进行艺术创作。活动不仅这让孩子们体验到了 DIY 的快乐以及创造的乐趣，同时还用行动实践了环保，可谓一举多得。

活动目标

(1)让幼儿乐于参加活动，体验创造的乐趣，感受艺术快乐。

(2)培养幼儿创造美好的能力，提高生活情趣。

(3)培养幼儿爱护环境、节约资源的环保意识。

活动准备

(1)知识经验：开展过手工活动，有过“变废为宝”活动的经历。

(2)物质材料：实物《怪脸娃娃》。

制作《怪脸娃娃》的材料：帆布运动鞋(清洗干净并作消毒处理)、大号水彩笔、别针、强力胶、毛线、毛毡一小块，各色颜料、旧鞋(消毒，清洗过)、报纸、绘画笔、剪刀、彩色即时贴等。

活动过程

1. 活动导入

小朋友们，你们家里有穿小了的、穿破了的旧鞋子吗？你们是怎么处理的呢？有没有什么好办法可以把旧鞋子再利用起来改造成艺术品的呢？今天老师就要让你们看看这样的一件艺术品。

2. 出示作品，调动兴趣

师：想知道这是怎么做的？你们可要看好了，我要变魔术了。

3. 教师示范制作步骤

(1)去掉运动鞋内的鞋垫、鞋带，将鞋舌拉出纵向对折，再把鞋舌前端横向对折并用别针固定住。

(2)将鞋涂成粉红色，再把鞋内部和口边缘涂成红色。

(3)做脸蛋。把鞋内垫跟部剪掉，把剩下的部分剪成舌头的形状，然后也涂成红色。同时在运动鞋的两侧各涂出一块红色的脸蛋。在脸蛋上点出一些红色的雀斑。晾干鞋。

(4)做头发。准备6cm×4cm毛毡一块，将毛线剪成50cm长的线段若干份，把毛线中部粘在毛毡上，剪去多余毛毡，抹上强力胶，粘到鞋上，等强力胶干后，剪齐毛线。娃娃的头发就做好了。

(5)做嘴巴。用卡纸剪下一排牙齿粘到嘴里，位置刚好在鼻子下面，在舌头的背面涂上一层胶，使之固定在嘴里，这样舌头就能从嘴里伸出来了。

(6)做眼睛。用白卡纸剪两个小圆片，将纽扣粘在上面，用强力胶粘于鼻子两侧，再在眼睛上方做出两道毛茸茸的眉毛。怪娃娃就这样做好了。

4. 图片欣赏，启发创造

(1)师：老师的魔术变得怎么样？其实旧鞋子还有其他的“变法”。

(2)欣赏PPT范例图片，激发幼儿兴趣：——原来旧鞋子清洁消毒以后还有这么好的用处，你们想不想也来动手试试？

5. 幼儿操作，教师指导

(1)提出要求：小朋友在动手之前先要想好用旧鞋子做什么，需要哪些材料。

(2)交流碰撞，请个别幼儿说一说自己的想做个什么形象，准备怎样去做，供其他孩子参考。

(3)动手制作，教师巡视。

6. 作品展示，相互欣赏

请幼儿介绍自己的创意旧鞋，说说自己是怎么设计和制作的。

活动拓展

(1)家园互动：请幼儿回家和爸爸妈妈一起收集废旧材料制作环保玩具。

(2)活动迁移：在幼儿园或社区举行“亲子环保玩具制作展览会”。

六、蚕宝宝的一生

设计意图

这是一个需要预先安排的活动。《纲要》艺术领域要求“能用自己喜欢的方式进行艺术表现活动”。春季开学后，引导幼儿在自然角饲养蚕宝宝，让幼儿日常观察蚕宝宝生长变化并用绘画的形式做观察记录。待大部分蚕宝宝变成蚕蛾时，即可进行此次活动。活动中，教师要引导幼儿根据观察记录回忆、总结蚕宝宝一生 5 个生长变化阶段，并将观察记录进行加工，制作成连环画式的手制图书，让幼儿的观察活动与艺术表现活动结合为一体，使观察活动有了具体的形象记录，而美术表现又因观察的全面和具体而更加鲜活和生动。

活动目标

(1) 让幼儿乐于参与艺术活动，愿意用艺术形式表现自己所看、所思、所想。

(2) 帮助幼儿饲养并观察蚕的生长变化的过程，并用绘画的形式做好观察记录。

(3) 帮助幼儿通过修改、着色加工观察记录，将观察记录制作成手制图书。

活动准备

(1) 知识经验：有过手工制作经历，能熟练使用常见的手工工具及材料。幼儿在自然角中养过蚕，并坚持日常观察，每隔三四天用画笔在 A4 打印纸上做一次描绘记录，直至蚕大多已变成蚕蛾，并将记录保存好。

(2) 物质材料：A4 打印纸白页书册、铅笔、彩笔、记号笔、水粉颜料、水粉笔；直尺、剪刀等若干(每个幼儿 1 套)，胶棒、订书机。

活动过程

1. 谈话导入活动

师：小朋友你们在自然角里养的蚕宝宝现在怎么样呢？能让我看看你们的蚕宝宝吗？真不错！有的蚕宝宝已经结了茧，有的蚕宝宝变成了蛾子，还产了卵呢。这说明这些蚕宝宝多数已经完成了它们的一生。

在养蚕的过程中大家做了观察记录。让我们拿上观察记录共同分享一下蚕宝宝的生长经历吧。

2. 根据记录回忆蚕宝宝生长过程

(1)教师以问答的方式，引导幼儿回忆。

①蚕宝宝刚开始是什么样子的？它是怎么变成小蚕的？这时的小蚕叫什么？(幼儿根据观察记录交流讲述。)

教师梳理、归纳：蚕宝宝开始是蚕妈妈(蚕蛾)产的蚕卵，像黑芝麻粒一样，我们用棉絮把蚕卵包起来，用热水袋给它保暖，就孵出了小蚕。这时候的小蚕像小蚂蚁一样，所以叫做蚁蚕。

②蚕宝宝吃的是什么？它蜕了几次皮？是怎样变得全身透亮的？这时候的蚕叫什么？(幼儿根据观察记录交流讲述。)

教师梳理、归纳：蚕宝宝是吃洁净、鲜嫩的桑叶长大的。它一生蜕了四次皮。每次蜕皮前，它吐出少量的丝，将腹足固定在蚕座上，头胸部昂起，不再运动，好像睡着了一样，称作“眠”。眠中的蚕，外表看似静止不动，体内却进行着脱皮的准备，脱去旧皮之后，蚕的生长就进入一个新的龄期。蚕第四次蜕皮后，进入第五龄，全身就变透亮了。这个时候的蚕叫做熟蚕。

③蚕是怎样吐丝的？吐出的丝变成了什么？(幼儿根据观察记录交流讲述。)

教师梳理、归纳：(出示蚕茧。)熟蚕先以S形方式吐丝，开始出现茧的轮廓，后改变成∞形方式吐丝，最终结成蚕茧。蚕茧里面的蚕变成了蚕蛹(出示蚕蛹)。

④后来从蚕茧里钻出来的蚕是什么样子的？它出来后又做什么？(幼儿根据观察记录交流讲述。)

教师梳理、归纳：(出示蚕蛾。)蚕蛹在蚕茧里变成了蚕蛾，钻出了蚕茧。蚕蛾的形状变得像蝴蝶，全身披着白色鳞毛。蚕蛾的头部长有鼓起的复眼和触角；胸部长有三对胸足及两对翅；腹部已无腹足。蚕蛾产下约500个卵后就慢慢死去。(出示蚕卵。)刚产下的卵是淡黄色或黄色的，经1~2天变为淡赤豆色、赤豆色，再经3~4天后又变为灰绿色或紫色。蚕卵孵成蚕后，又开始了新一轮的生命轮回。

教师根据对话将蚕的一生所经历的五个阶段蚕卵—蚁蚕—熟蚕—蚕茧—蚕蛾的图片一一展示出来。

(2)谈话引发制作兴趣。

师：从小朋友们的发言来看，小朋友们都很认真地做了观察记录，许多小朋友不仅用绘图的形式做记录，还加注了少量的文字和拼音说明，非常详细。

今天我们一起把这些观察记录整理出来，把它变成介绍蚕宝宝一生成长过程的手制图书。

3. 学习手制图书的制作方法

(1)教师出示手制图书《蚕宝宝的一生》的范例。

引导讲述：这是老师根据观察蚕宝宝生长过程的记录编绘制成的手制图书。今天老师就教你们用观察记录制作一本独一无二的图书。

（2）教师演示讲解手制图书的方法。

师：小朋友，你们会做了吗，那就让我们快快行动起来吧。

4. 启发创造，动手制作

（1）师：小朋友们自制图书的方法大家都已知道，那么如何使自制图书更漂亮，就需要大家开动脑筋，大胆尝试，使自己的手制图书能够第一无二，让人一看见便会喜欢上。我们看看哪位小朋友能做到。

（2）教师给幼儿分发白纸和相关的工具、材料，幼儿操作，教师巡视指导。

提示幼儿：在装饰封面时要尽量做到既美观又醒目，可以运用所学过的绘制图案、剪贴花纹等美工手段进行，最好用自己所想到的方法装饰出与他人不同的封面，体现出自己的创意。

5. 集中展示欣赏作品

（1）教师请幼儿将自己的作品集中摆放在展台上，让大家自由翻阅观赏。

（2）教师请每个幼儿推选一个最佳作品，给得票数前 10 名的幼儿的作品封面贴上小红花，以示鼓励。

活动拓展

（1）指导幼儿将自制书裁剪出富有变化的外形来，使书籍更有艺术性，如苹果形、椭圆形、桑叶形等。

（2）鼓励幼儿选取其他内容（如生活事件、科学想象、故事创编等）制作手制图书。

活动资源

1. 手制图书制作的方法

（1）根据蚕的一生所经历的五个阶段蚕卵—蚁蚕—熟蚕—蚕茧—蚕蛾，将各阶段画得最好的画面抽出来，对不满意的地方进行修改加工，甚至重画，并依次用彩笔给所有画面涂上色彩。

（2）按蚕宝宝从小到大的生长顺序依次排列。注意不要出现顺序的错误，可以借助墙上多媒体的提示进行排序。

（3）选出蚕宝宝最胖、最白、最漂亮的一张作为封面，先放在一旁备用。

（4）拿出第一张描绘记录，将画纸背面四周用胶棒涂胶，（出示事先做好的 16 开的白面书册）粘贴在白面书册的第二张纸的正面，作为图书内芯的第一页。

（5）用同样的方法将第二张描绘记录粘贴在图书内芯第一页的反面（即第二页）。依此类推，完成剩下的页面。

(6)完成粘贴后，将内芯每一页用彩色笔写上书页号码。

(7)将最开始选出作为封面的观察记录画，背面四周用胶棒涂胶，贴在白面书册最表面的一张纸上(角度可适当有所改变)，作为手制图书的封面；然后用彩笔在四周画上装饰花纹，在页面的上方用彩笔写上“蚕宝宝的一生”几个大字，字要尽量写大，作为书名；在页面图下写上“作者：×××”，相对于书名，字可略小一些；还可以在页面的最下面写上一个虚拟的出版社的名称(不会写字的幼儿可以请老师帮忙代写)。

2. 指导幼儿自制图书

指导幼儿自制图书，有下面四个步骤：

(1)构思主题。

主题可以根据分享阅读的读本，进行改编、续编、仿编，也可以根据生活事件、个人感受、知识总结、观察记录、想象创造、故事创作等内容进行构思。

(2)图书的画面制作。

图书画面的呈现是幼儿自制图书中重要的一环，其表现方式是多种多样的，我们应根据图书的主题选择最佳的图书画面制作方式。最普通和常用的是绘画方式，绘画是幼儿最擅长并经常使用的。除此之外，还有更丰富的图书表现手段，比如照片剪贴、版画、剪纸粘贴、拓印画、布贴画等，多样的表现手法可让幼儿自制图书更加精彩纷呈，让人爱不释手。这些不同的画面表现手法，可使自制图书的形式更加丰富多彩。

(3)图书的文字设计。

书面语言是一本书的灵魂，而幼儿的自制图书有其特殊性，它不能像成人书籍那样具备高度的文字概括性和纯粹的书面语言表达方式，它应体现幼儿的真实想法及其年龄段特有的语言表达方式，并充分展现幼儿时期童言稚语的魅力。然而，这并不代表幼儿的自制图书可以让其随意表达语言，不做任何的修饰，在幼儿表达语言的基础上进行语法和句式的修正。如按照一定的顺序进行说明，按照时间顺序或空间顺序或两者的巧妙结合。

(4)完整书的要素。

图书有了主题、图画、文字之后，还需要最后一步编辑成书。既然是“书”，就要注意书的要素，如封面、封底、作者、出版社、页码等。只有这样，一本小书才算完成。

七、博士帽

设计意图

用激情点燃理想，用理想照亮人生。每一个孩子都有理想，如何点燃孩子心中理想的火种，帮助他们树立远大理想，是老师、家长应关注的课题。本次活动以游戏的形式开始，让幼儿在游戏中了解不同职业，引发对博士帽的关注，在老师的介绍下，了解博士帽，通过制作佩戴博士帽，让幼儿感受教师和家长对他们的期望，为他们埋下理想的种子，在艺术实践活动中放飞他们理想。

活动目标

(1)让幼儿喜爱艺术，乐于参加艺术活动。

(2)帮助幼儿感受动手制作的快乐，分享成功的喜悦。

(3)用艺术实践活动帮助幼儿树立理想。

(4)帮助幼儿认识各种职业，了解博士帽，并学会制作。

活动准备

(1)知识经验：幼儿对各种职业有浅显的认识和一定的了解，见到过“博士帽”。

(2)物质材料：几种常见职业帽子 PPT 图片，教师示范讲解 PPT。

手制博士帽 1 顶。

黑色的硬纸板、卡纸各若干(每个幼儿各 1 张)，1 米长的红色丝带或毛线若干(每个幼儿 1 根)，订书机、儿童安全剪刀、双面胶、铅笔、直尺各若干(每个小组 1 套，幼儿共用)。

活动过程

1. 游戏导入

(1)做游戏“猜猜我是干啥的”。教师将幼儿分成三个小组开展竞猜，猜对的小组可以得到一个笑脸，最后笑脸最多的小组获胜，获胜方可享受本次活动优先领取材料的权利。

教师依次出示护士帽、厨师帽、安全帽、炼钢帽、贝雷帽、警帽、空军帽等帽子图片，并让幼儿竞猜分别是什么帽子。教师让猜对的幼儿简单描述帽子所代表的职业的工作情况。

(2)深入了解。

师：你最喜欢哪一种帽子呢？它有什么特点？(幼儿根据观察自由讲述。)

师：这些帽子都是什么形状的？谁能分别说说？

引导幼儿描述。如护士帽是飞燕形，厨师帽是圆筒形，安全帽是半球形，炼钢帽是在安全帽的基础上加眼罩和披肩，贝雷帽是无檐的软帽，警帽是有檐的硬帽，空军帽是带有护耳的皮帽等。

师：从这些不同的形状的帽子上你们发现了什么？(幼儿讨论并自由发言。)

教师小结：其实帽子自古以来就是地位和身份的象征，如皇帝戴的帽子叫冕(也叫龙冠)、官员戴的帽子叫乌纱、员外戴的帽子叫巾等。在现代社会，帽子虽不再代表身份与地位，但也成为各种职业的标志，让处在纷繁复杂世界中的人们很容易通过帽子这一服饰上的细小的区别，知道某人是干什么的，他/她从事的是什么职业。

2. 欣赏范例，引发兴趣

(1)师：今天老师想送给你们一件特别的礼物，让我们一起来看看。

(出示纸制博士帽的范例。)

师：你们知道它是什么帽子吗？(请知道的幼儿讲述。)

对了，它叫博士帽。那什么是博士呢？(请知道的幼儿讲述。)

博士是一种学位，戴上博士帽意味着你已经成为了一名知识渊博、学问高深的人。

(2)引导幼儿观察博士帽。

提问：博士帽是什么形状、什么颜色的呢？谁能描述一下？(幼儿自由讲述。)

教师归纳：博士帽的顶是平的，呈方形，颜色是黑色的，帽顶牵出一根流苏。我们称它为平底方形帽。

(3)教师提问：知道老师为什么要送你们这顶帽子吗？(幼儿根据自己的理解自由发言。)

师：老师希望你们将来都能成为有学问、有才华，能为国家繁荣富强出力作贡献的人才。老师不可能给你们每人送一顶博士帽，但可以教你们制作博士帽的方法，你们每个人用老师教的方法为自己做一顶博士帽好吗？

3. 示范制作过程并讲解方法

(1)PPT 展示制作步骤　教师讲解制作方法。

(2)教师请一位幼儿当模特，将制作好的博士帽戴在头上。戴时帽顶的尖角要正对眉心，将流苏垂于帽子的左前方并整理好。

(3)教师请幼儿观看 PPT 图示，回忆和复述博士帽的制作方法。

4. 动手制作，教师巡视指导

(1)领取材料，游戏获胜方优先。

幼儿按照 PPT 示范和教师讲解进行操作。

(2)在幼儿操作的过程中，教师巡查指导，并有针对性地帮助有困难的幼儿完成作品。

(3)教师随时提醒幼儿剪刀的使用安全。

5. 展示作品

教师请幼儿将制作好的博士帽戴在头上展示，两两合作相互帮助调整帽子的佩戴和流苏的位置，互相欣赏，拍照合影，体验成功的快乐。

活动拓展

(1)教师将合影摆放在教室突出的位置上，勉励幼儿从现在起开始努力，争取将来戴上真正的博士帽。

(2)还可以开展其他帽子的制作活动，为角色扮演准备材料。如通过制作厨师帽的活动进行食品健康知识的宣传及普及。

八、我和小伙伴的故事

设计意图

幼儿和同伴朝夕相处，一起学习，一起游戏，每天上演着“战争与和平”的生活情景剧，有欢笑，也有泪水；有甜蜜，也有痛苦。其中有些情景让他们记忆深刻，事后还感动不已。教师可引导幼儿讲述自己和小伙伴的故事，并把故事中最主要的情节画下来，记录自己熟悉的生活，感受成长的快乐和痛楚，促进他们的心智的发展。同时在绘画实践中，了解人物情景画的特点，学习协调构图，用遮挡的手法表现空间的概念。

活动目标

(1)能够清楚、完整地讲述自己和小伙伴的故事，表达自己的感受。

(2)根据故事画出主要情节，初步掌握协调构图和表现空间的方法。

(3)培养观察生活的好习惯，学习发现美和表现美的能力。

活动准备

(1)事先请幼儿回忆和小伙伴交往的经历，准备讲述一个令自己感动或难忘的故事。

(2)幼儿接触过用“遮挡法”表现空间关系。

(3)儿童情景画的范例 1 张。

(4)彩笔或油画棒若干(每个幼儿 1 套)。

活动过程

1. 观赏范画，了解画面背后的故事，导入活动内容

(1)教师出示一幅范画请幼儿观赏，提问：这幅画里面画了些什么内容？(幼儿根据观察讲述。)

(2)在幼儿讲述的基础上，教师补充：这幅画表现的是一个居民小区的儿童游乐场所，一个小女孩手里举着芭比娃娃，另一个小女孩望着芭比娃娃高兴地跳起来，这个跳

起来的小女孩为什么这样高兴呢？（幼儿猜测讲述。）还是听听老师讲述这个画面的故事吧！

（3）教师讲述故事《妞妞的芭比娃娃》，请幼儿认真倾听。

（4）教师结合故事提问：你对故事的什么情节印象最深？哪个场景令你最感动？（幼儿自由讲述。）

教师小结：这幅画记录了使我们印象最深、令我们最感动的一个瞬间。

2. 唤起回忆，讲述自己和小伙伴的故事，激发活动兴趣

（1）教师提问：小朋友，你和同伴之间有没有发生过令你感动、令你难忘的事情呢？请说给大家听一听。

（幼儿回忆交流讲述，要求语言表达清楚、完整。）

（2）教师引导：听了小朋友的讲述，我都感动了，你们讲了这么多值得回味的事情，好像在我眼前展现出一幅幅动人画面。画面往往是这个故事的特写镜头。现在请小朋友们拿起画笔，把你和小伙伴的故事中最精彩的瞬间画下来吧。

3. 画前学习，倾听教师的指导讲解，初步掌握画法

（1）教师指导讲解：我们应该怎样画一幅人物情节画呢？小朋友要注意以下几点：

①在画之前要构思画面的内容，就是要先想好在这幅画中要画些什么，要画出你和小伙伴的故事中最值得记录下来的情景。

②要确定画面中有哪些相关的人，谁是主角，谁是配角。要考虑这些人物在画面中该怎么安排，各放在什么位置上。这就是我们常说的构图。一般说来，主要人物应放在较为中心的位置，而且要尽量画大一些，次要人物安排在他的周围。

③用铅笔在画纸上用线条定出人物的大致位置。如果画三个人，谁在前面，谁在中间，谁在最后；他们是正对着的，还是侧对着，或是背对着。画面中人物最好不要一字排开，这样会显得生硬、呆板。

人物之间也不要等距离，要有一定的疏密关系。具体讲就是：可以让人物两个靠近一些，另一个稍离远一点。把以上内容想清楚之后，用遮挡法在画纸上把他们之间的这种关系描绘下来。

④根据故事情节，设计人物的姿态、动作，他们之间的动态要互相呼应。

⑤从细节上丰富画面。一是画出人物的表情，比如眼睛、嘴巴、眉毛会是什么样的。抓住每个人物表情上的某个特点，适当地夸张一下，让人物表情生动。二是画出人物的服饰，比如穿的衣服是什么颜色和款式，身上还佩戴了什么与情节相关的东西。

⑥添画故事发生的背景。仍然是用遮挡法，在画面中除人物以外的其他地方以及人物与人物之间的空隙处画上背景。

⑦画面调整，看看画面中有哪些不足的地方还需要修改的，有哪些漏掉的地方还有需要添加的，一一修改和补充完整。

（2）教师询问幼儿还有没有不明白的地方，针对幼儿提出的问题作补充讲解。如有必要，还可以进行局部示范。

4. 动手作画，画出自己和小伙伴故事的瞬间画面，教师巡察指导

（1）教师播放轻音乐，让幼儿在幼儿用书相关画页上心情放松地作画。

（2）在幼儿作画的过程中，教师巡回观察，随机对幼儿在画面构思和构图方面予以指导。

（3）关注能力较弱的幼儿的作画情况，随时提供帮助，以便他们克服困难，完成作画。

5. 展示作品，交流分享画面背后的故事，评选优秀作品

（1）教师请幼儿在组内展示自己的作品，轮流讲述画面背后的故事，共同分享快乐。

（2）教师引导幼儿评选出优秀作品，如"故事最精彩的作品"、"画面最精彩的作品"、"线条最美的作品"、"用色最漂亮的作品"等，教师给予奖励。

活动拓展

在语言角投放不同的人物情节画，鼓励幼儿仔细观赏画面，根据画面的内容创编故事，训练幼儿的观察力和想象力。